JN238405

子どもに教えてあげたいノートの取り方

成績が伸びる子の勉強術

花まる学習会 代表 高濱正伸・持山泰三

実務教育出版

はじめに "美しいノート=できる子"ではない

この本は、「ノートの原則」を提示した本です。

『東大合格生のノートはかならず美しい』という本がベストセラーになったときに、釈然としなかった東大関係者は多いでしょう。現実には、まったくそんなことはないからです。

むしろ、とても数学ができる人たちの中には、小学生以下ではないかという汚い字の人が大勢いることを、中にいた人なら知っています。ミミズがのたくったという言い方がぴったりの人すらいました。

ただ、もちろん「美しい」の基準は人それぞれですし、この本を記した人が言いたかったことは分かるような気がします。それは「東大生のノートは、例外なく活き活きしている」ということなのではないでしょうか。

それは本当のことです。なぜならば、そこに「考え抜いたあと」があるからで

す。「意味のあることだけをやりたい」という強い意志の表れとも表現できるかもしれません。

そこには、本当に頭を使った人が書く字だけが持つオーラがあります。生きている。弾けている。「よーし、こうやって整理しておけば覚えやすいぞ」と考えたんだなぁ、「こことここは逃せないぞ。一番短くまとめるとこの言葉だ!」と思って、こういう表記にしたんだなぁ、そういう主体性と濃厚な思考の痕跡が感じられます。だから活き活き感があふれているのです。

さてしかし、現在小学生のお子さんをお持ちの保護者にしてみれば、そのような素晴らしいゴール(主体的で深い思考を感じるノート)を見せられたところで、こう考えるでしょう。

「で、実際のところ、うちの子にどういうノート指導をすればよいの?」

この本は、そういう疑問に真っ正面から答える本です。

長年、教育の現場にいると、美しいノートを作るちっとも成績の上がらない生徒を見かけることが、しばしばあります。どちらかというと、長子しかも女子が多いですね。彩り豊かなマーカーを使い、かわいいイラスト入りで、絵的なセンスなどはあることもままあります。

3

しかし、頭には入っていない。なぜか。それは「美しさ」などを追求してしまったからでもあり、もとをたどれば、小学生時代にお母さんから「きちんと書きなさい、きちんと」ばかりを強調されたからと言えるでしょう。

お母さんにはもちろん悪気などなく、我が子のために言ってあげたのですが、結末は「きれいなノートは取るけれども、成績はふるわない子」になってしまったのです。

なぜでしょうか。

それは、「ノートを取る意味」を、根本的にはきちがえてしまったからです。

彼女は、「きれいなノート＝お母さんに叱られないノート」を作ることが、ノートを取る目的になってしまったのです。「このくらいなら怒られないかな」とでもいう感覚。これは、決して少なくない小学生の被害の一例です。

また一方で、学校教育の中にも、「ノート指導」はありません。漢字や面積の公式のような知識の伝授はあっても、「それをどういうノートの使い方で勉強すれば、よりよく身につくか」の指導はないのです。各先生が、それぞれに経験によって教えていらっしゃるにせよ、共通の指導項目としては存在しません。

この弊害は、学年が上にいけば行くほど顕著で、一言でいえば小学生時代に放置されていたんだなとしか思えないひとりの男子生徒の場合、入塾して最初の授

業で「じゃあ、これはノートに取っておいて」と指示したところ、なんとノートのまん中から書き始めました。しかもだんだん斜めに進行しています。ひどいありさまでした。

きれいすぎても無意味、汚くてはまただめ。では、どう指導すればよいか。そのたたき台を世の中に提示する気持ちでいます。

「ノートは何のために取るのか」
「科目ごとに、どう取ればよいのか」
「学年・年齢によって、どう指導していけばよいのか」

これの原則を提示します。

これは、特に、花まる学習会グループの中の、進学塾部門・スクールFCでの経験を土台に、若い熱心なスタッフと議論しながら練り上げてきた成果です。完全版とふんぞり返るつもりは毛頭ありませんし、むしろこれを機に義務教育段階での「ノート指導」についての議論が広がり、深まることを期待しています。

私たちは、学校や塾で授業を受ける児童生徒を対象として、ノートを取るポイントを4つに分類しました。

> 1 咀嚼
> おもに授業を受けるときにどうノートを取るかということ。
>
> 2 消化
> 反復練習や演習問題を何度も解いて、理解を深める段階でのノートが、どうあるべきかということ。
>
> 3 吸収
> 漢字・単語・理科や社会の知識・公式などの「知識」を、どういうノートにまとめて記憶を確かにしていくか。
>
> 4 肉化
> 1〜3で「ひとまず頭に入った知識」を、どう有機化し体系化して、「使える筋肉＝縦横無尽に応用できる学力」にするか、という課題においてノートがどうあるべきか。

このことについて、ひとつひとつの科目ごとに、事例と考え方を提示していきます。

子どもたちには、お母さんに褒められる「きれいなノート」でもなく、汚くて何が書いてあるのか分からない「目的不明のノート」でもなく、「分かった!」「よし!」「これだ!」「大事だな、これ!」「こう書くと分かりやすいな!」そういう、強い納得や理解できた喜びが伝わってくる、主体性と意欲があふれるノートが作れる人になってほしいと思っています。

この本が、子どもたちのノート指導で苦労されている保護者の皆さまの、指針となることを願っています。

目次

はじめに "美しいノート＝できる子" ではない ……… 2

PART 1 成績が伸びていく子のノート、伸び悩む子のノート ……… 17

良い子が陥りがちな "ミテウツシ病" ……… 18
見せるためのノートを作る子どもたち ……… 20
子どもを認める視点を変える ……… 22
自立へ向けて歩み出したら ……… 24
どういうノートが良いノート？ ……… 26

PART2 学校では教えてくれないノートの取り方

- なぜ勉強にはノートが必要なのか ……29
- 共通のポイント▶大切なのは余白の取り方 ……30
- 授業ノート▶重要なことを聞き逃さずに書く ……32
- 演習ノート▶スピード重視で解く ……36
- 知識ノート▶自分だけのオリジナル辞書を作る ……38
- 復習・まとめノート▶問題の本質をつかむための高度なノート ……40
  ……42

PART3 思考力を育てる算数・数学のノート

- 算数・数学のポイント▶"考える力"が試される教科 ……45
- 授業ノート▶その場で理解し、覚えて書く ……46
- 演習ノート▶スピード感があるノートになっているか ……48
- 知識ノート▶公式や発想法だけが集まった参考書 ……54
- 復習ノート▶「理由」と「ポイント」が能力を伸ばす ……58
  ……62

PART 4 集中力と語彙力を磨く国語のノート

- 国語のポイント → 集中力と言葉への意識 … 71
- 授業ノート → 文章を正しく映像化する … 72
- 漢字練習ノート → 練習のみで終わらせない … 74
- 言葉ノート → その場ですぐに調べられるか … 77
- 読書・要約ノート → 文章の要旨をつかむ訓練 … 80
- 青コメ → 本気の取り組みが国語を伸ばす … 83
  … 86

PART 5 暗記と理解を両立させる社会のノート

- 社会のポイント → 単なる暗記科目ではない … 91
- 授業ノート → わいてきた疑問をメモしていく … 92
- 演習ノート → 短時間での繰り返しがカギ … 94
- Q&Aノート → マメ知識が記憶を強化する … 98
- まとめノート → 知識がどんどんつながっていく … 100
  … 106

PART6 計算法と知識を整理する理科のノート

- 理科のポイント　「何でなんだろう」を大切にする　115
- 授業ノート　絵や図を大きく書いて覚える　116
- 演習ノート　まずは用語を覚えてしまう　118
- Q&Aノート　オリジナル問題集として活用する　120
- まとめノート　頭に入れた知識を有機化する　122
- 　　　　　　　　　　　　　　　　　　　　　124

PART7 積み重ねで実力をつける英語のノート

- 英語のポイント　なぜ苦手科目になりがちなのか？　127
- 授業ノート　単語と単語の間にスペースをつくる　128
- 演習ノート　正しいスペルを意識しながら書く　130
- W-ノート　自分専用の英和辞書を作る　132
- 対訳ノート　教科書の英文をすべて暗記する　134
- 　　　　　　　　　　　　　　　　　　　　　138

PART8 ただの学力以上の力を培う+αのノート術

- "考えながら書く"を習慣化する …… 143
- 手を動かして考える習慣 良い書き癖をつける …… 144
- 問題意識ノート 自分の意見をまとめ、的確に伝える …… 145
- ラフスケッチ アイデアをゼロから生み出す …… 147
- 日記 思春期に書くことがおすすめ …… 151

PART9 お父さん・お母さんにしてほしいこと

- お父さん・お母さんにできる二つのこと …… 157
- 良い師匠を見つけてあげる …… 158
- ニコニコお母さんの横に、聞き上手のお父さん …… 160
- 子どもの知力を伸ばすために大切なこと …… 162

…… 154

…… 166

おわりに できる子ほどノートをどっさり作る

	社会	理科	英語
	大学ノート	大学ノート	大学ノート
	大学ノート	大学ノート	大学ノート
	大学ノート or ルーズリーフ （B5ヨコ書き26穴）	大学ノート or ルーズリーフ （B5ヨコ書き26穴）	大学ノート or ルーズリーフ （B5ヨコ書き26穴）
	大学ノート or ルーズリーフ （B5ヨコ書き26穴） 目的に合わせて B4かA3の紙	大学ノート or ルーズリーフ （B5ヨコ書き26穴）	大学ノート or ルーズリーフ （B5ヨコ書き26穴）

種類別・使用ノート一覧

ノート / 教科	算数・数学	国語	
授業ノート	4年生までは5mm方眼ノート（図形を書くため） 慣れてくる5年生からは大学ノートなど	タテ書き 4年生までは幅が広めのもの（17行程度） （大学ノートを回転させてタテ書きにしてもよい）	
演習ノート	4年生までは5mm方眼ノート（図形を書くため） 慣れてくる5年生からは大学ノートなど	タテ書き （大学ノートを回転させてタテ書きにしてもよい）	
知識ノート （Q&Aノート、言葉ノート）	大学ノート	タテ書き （大学ノートを回転させてタテ書きにしてもよい）	
復習ノート （まとめノート 青コメ、 対訳ノート）	ルーズリーフ （A4ヨコ書き、または5mm方眼30穴）	答案用紙に直接記入	

PART1
成績が伸びていく子のノート、伸び悩む子のノート

良い子が陥りがちな"ミテウツシ病"

小学校高学年になって勉強が伸び悩んでいる子たちには、いくつかの特徴があります。

その中の一つが、「ノートをしっかり取っているのに、成績がまったく伸びない子」です。こういう子たちはみな、お母さんのいうことをよく聞く良い子です。

なぜ、そのような良い子たちに伸び悩んでしまう子が多いのでしょう。

彼らは低学年のころからお母さんのいうことを聞く、とてもいい子でした。小学校に入り、ノートを使った学習が始まると、お母さんに「字をきれいに書きなさい」と何度も言われます。お母さんは、汚い字が許せないのです。汚い字を書く・ノートが汚い＝勉強ができるようにならない、という風に思っているからです。

けれど、**字がきれい・ノートがきれい＝勉強ができる**、ではないのです。

字を習いたてのころはマスに合わせて字を間違えず、丁寧に書くことを意識させなければなりません。低学年の時代は、黒板に書かれた文字や文章を間違えず丁寧に、自由自在に書けるようになるというのが一つの目標だからです。

学習の目的を知らないまま育った子たちは、高学年になってもそれが勉強なんだと疑うことなく、ノートを作り続けます。その結果、ノートはきれいだけど、テストの点が良くないという子が出てくるのです。

PART1 成績が伸びていく子のノート、伸び悩む子のノート

これは、「ノートをきれいに取ることが勉強だ」という誤った学習観によって起こる現象です。

本来、学習とは、知らなかったことを学び、理解し、自分のものにするというものです。本当に自分のものにするまでにはある程度の時間を必要とします。よほど印象に残るようなことでなければ、一度聞いただけで、すべて覚えておくことはできません。忘れてしまうのが人間です。

そこで、大切なことを忘れないようにノートに書きとめるという作業を行うのですが、「習ったことを書きとめることが勉強だ」と思ってしまった子たちは、板書されたものをこれが勉強だと信じて、ただ板書をノートに写すという作業を行います。

彼らが行っているのは、黒板の文字をノートに"移す"という行為です。

間違えないように、それは一生懸命に、一文字ずつ覚えて書くということを繰り返し行います。黒板を見ては写し、また見ては写し、何度も何度も首を上下させては、きれいなノート作りに励みます。私はこのような状態を"ミテウツシ病"と呼んでいます。

脳みそがまったく働いていないような状態です。文字を切り取っては貼り付ける、という作業を延々と行っているのです。

これの悪いところは、**ちゃんと勉強をしているように見える**ところです。本人は勉強をしているつもりですから、改善されることはありません。

この悪しき習慣を身につけてしまうと、後々の学力に悪い影響を与えてしまいます。日本の学

見せるためのノートを作る子どもたち

さて "ミテウッシ病" になった子どもをよく見てみると、見栄えのいいノートを作ることをどんどん進めるという傾向があることがわかりました。

彼らは学習内容を理解してノートを作っているわけではないので、当然成績は上がってきません。けれど、成績が上がらなければちゃんと勉強をしなさいと怒られます。ですから、怒られないためにも勉強はちゃんとやっているということを示さなければなりません。やっているという証拠を残すための "形だけのノート作り" が始まります。

たとえば、小学校の低学年でそういう傾向が出始めます。

早い子だと、筆算の横線をいつまでも定規を使って書く子がそうです。習い始めならば、列や行をそろえることを習慣にするため、定規を使わせることはあるでしょう。けれど、列や行をそろえるようになったならば、筆算などはフリーハンドで書けなければいけません。

しかし、定規をいつまでも使っている子がいるのです。彼らが最も重視していることは「きれいに書く」ということですから、定規を手放せないのです。こういう子は高学年になっても変わ

20

PART1 成績が伸びていく子のノート、伸び悩む子のノート

りません。曲がった線を書くのが許せないので、線分図や図形にも定規を使います。フリーハンドでサッと書けるようでなければテストで困るのですが、それができません。

さらに、**高学年の女の子に多く見られるのが、色ペンを多用した派手なノート作り**です。理解することなどよりも、ノートをデコレーションして、"かわいいノート"にすることに一生懸命です。怒られないように、きれいに書いてあるので、やっているようには見えます。筆箱はいろいろな種類のペンでいっぱい。「どの色にしようかな〜」と、学習の本質とはかけ離れたところで悩んでは、時間を無駄に使っているのです。

つまらない勉強の時間を少しでも楽しくしようと、遊び感覚でノートをどんどんカラフルにしていきます。こうしてしまったのをもとにもどすのはかなり難しい。そのころには色ペンが山積みになっていて、学習には真正面からは向かえない状態だからです。

色ペンをたくさん持ち始めたときは、注意が必要です。もちろん、色分けに意味があるなら、色ペンを使っていても問題ありません。

こういったノートを子どもが作ってしまうのには、実はお母さんの"きちんと病"が関係していることがよくあります。

もちろん、きちんとしてほしいというお母さんの気持ちも痛いほどわかります。我が子が、世間に出たときに恥ずかしくないように育てたいと思うのは、母親ならば全員が持つ当たり前の感情でしょう。

子どもを認める視点を変える

 けれど、その思いが「しっかりしてほしい」というほうへ強く傾き、「そうでないことが許せない」となったときに、子どもは「ちゃんとしてないと怒られる」という思いから見た目のきれいなノート作りへと歩み始めます。

 それは、子どもがお母さんの要望に精一杯答えようとした結果でもあります。

 大切なことは、低学年から高学年へと変わっていくちょうど境目の3・4年生の時期にどう接するかです。

 ノートを取ることの意味が「丁寧に正しく書く練習」から「理解の補助のため」と変わることを、うまく伝えていってあげる必要があります。

 たとえば文字ならば、1・2年生では丁寧に書けていることを褒めてあげます。正しくきれいな字を書くことを意識づけすることが大切だからです。算数であれば、数字をしっかり書けていて計算もできることを褒めてあげましょう。

 しかし3年生になったころからは、ノートに書いてきた内容を理解しているか、ということが一番重要だということを意識させるのです。

 これは3年生でなければいけないということではありません。できるならば1・2年生のころ

PART1 成績が伸びていく子のノート、伸び悩む子のノート

から意識させたいことではありますが、無理をして行ってはいけません。おたまじゃくしに、「さあ、陸に上がるのよ」と言ってもそれはできません。子どもの成長度合いをしっかりと見て、今がそれを行っていい時期かということを判断することが鍵となります。早くやればいいというものではありません。これを無理してやってしまうと、勉強嫌いにしてしまうという危険性があるので、慎重に扱わなければならないと思っています。焦って行うことだけは、絶対に避けてほしいと思います。

具体的には、ノートに書いてある内容を見て「この式はどういう意味なの?」と聞いてみればよいのです。

すると、子どもは「わかんない」とか「知らない」と言うでしょう。そこでイラッとせず、少しだけ粘って「お母さんに教えてほしいな」という感じで優しく聞いてみましょう。幼児にとって「振り返り」と「論理立てて説明すること」は、どちらも苦手なことなので、直感で何かたくらんでいるなと見抜いてはぐらかします。だからこそ、心穏やかに問いかけてください。「そんなはずないでしょ」とは決して言ってはいけません。

子どもは、お母さんに認められることを一番の喜びとしています。うまく説明できなくて当然、そう思って聞いてあげてください。たどたどしくでも説明してくれたら、「そういうことだったんだ。よく分かったよ。ありがとうね」と認めてあげてください。「もっと詳しく説明しなさい」「なんでそんな風にしか言えないの」とは絶対に言ってはいけません。

この行為によって、子どもの中にあった「ノートをきれいに書く」ことが褒められるという基準が、「内容を理解しているとお母さんに認められる」というように変わっていきます。そうなれば、「形だけのノート」を作るという方向へはいかなくなります。

先にも述べましたが、これは大変ナイーブな作業です。頻繁にやらないことと、絶対に怒らないことを意識してください。

できなかったら怒られると分かれば、「お母さんに怒られないための勉強」をする子どもになります。ひどい場合、お母さんに質問された回数＝怒られる回数となり、勉強嫌いとなってしまいます。

子どもを怒ってしまいそうだなと感じたら、お母さんが無理に行わず、この役目は第三者にお願いするのがよいでしょう。

自立へ向けて歩み出したら

高学年になると勉強の内容も難しくなります。お母さんが教えてあげるというのも、教科によっては難しくなるでしょう。

また、子どもも思春期に入ってきますから、お母さんのいうことを素直に聞かなくなってきます。3・4年生のころと同じように、「この式はどういう意味なのかな、お母さんに教えてほし

PART1 成績が伸びていく子のノート、伸び悩む子のノート

「いな」と優しく問いかけても、「ヤダ」「面倒くさい」と無愛想に断られてしまうでしょう。思春期にもなれば、親に勉強を見てもらうのは、どこか恥ずかしいと思うものです。

しかし、この年齢は親ではない第三者の大人のいうことをよく聞くようになる時期でもあります。そのこと自体は、子どもがちゃんと成長している証ともいえます。

では、どうすればいいかということですが、第三者に任せるのが一番でしょう。

たとえば、親のいうことには逐一反発するけれど、野球部のコーチのいうことなら、「はい」と言って素直に取り組むといった感じです。親という存在を超えようと本能で思っているからでしょう。親にあれこれ言われているようではいけないという思いが、自立へ向けて成長を始めた子の中には生まれます。その結果、親以外の大人で、尊敬・信頼できる大人についていくのです。

子どものために親ができることは、環境を整えてあげることです。

あの人みたいになりたい、あの人に教わりたいと子どもが思えるような人を探してあげることでしょう。それは、学校の先生なのか、塾の先生なのか、もしくは近所のお兄さんやお姉さんかもしれません。

できれば、良い学習観を持った人と出会わせてあげたいものです。子どもを任せられるかどうかを判断するために、学習というものをどうとらえているかを聞いてみるといいでしょう。学習への取り組み方、ノートの作り方などしっかりとした考えを持っていれば、安心して我が子を預けられると思います。

25

あとは、子どもの成長を見守ることです。

これが簡単なようでなかなかできません。かわいい我が子が苦しんでいる姿を見るのは、とても辛いこと。「私が助けてあげなきゃ」と思うかもしれませんが、ここは我慢のしどころです。手を出したくなる気持ちは分かりますが、そこをグッとこらえて、子どもを預けている人に相談をすることをおすすめします。

お母さんにしかできないこと、第三者だからできること、それらを相談し連携して子どもの成長を促していくことが、本当に必要なことだと思うからです。水を与えすぎた植物が育たないように、親が手をかけすぎた子どもも大きく成長しないものです。少し距離を置いて、客観的に子どもを見るくらいがちょうどいいのです。

子どもの中には、お母さんに認めてもらいたいという思いが必ずあります。それくらい子どもの成長にお母さんの存在は欠かせません。子どもとのいい距離間を保つためにも、信頼できる人とのパートナーシップが重要になるのです。

どういうノートが良いノート？

良いノートを一言で表すならば、自分のために書かれたノートです。

なんだか当たり前のような気がしますが、本当に自分のためになるノートを作っている子は、

26

PART1 成績が伸びていく子のノート、伸び悩む子のノート

大人が思っている以上に少ないのです。

「あっ、そうだったのか」「なるほど。こういうことなんだ」というような、感動が伝わってくるノート。「これはこういう考えた方をすればよかったんだ」と本質をつかんだ言葉を書いている字に関しては丁寧であるに越したことはありませんが、多少汚くても構いません。新しい知識を得た喜び・感動、本質をつかんだ充実感。そういった勢いや熱いものが伝わってくるようなノートが、本当の良いノートだからです。

ノートの作り方を学んでも、初めのうちは形を真似るだけになるでしょう。

しかし、本当に点数を伸ばしたい、もっとできるようになりたいと心の底から思えたときから、ノートの作り方が変わります。意識の変化が行動に表れ、いいノートを作るようになります。焦ってあれこれやらせてみても、本質が伝わらないうちはいくらやっても形だけ。

ですから、あとで紹介する算数の「復習ノート」などを4・5年生の子に作らせても、形だけのものになってしまいますので、早い時期に作ることはおすすめしません。これは、実際にその学年の子どもたちにやらせてみた経験から導き出した考えです。かなり優秀な子どもでも、早すぎるという結論に達しました。無理して作っても中身がなければ、それこそ時間の無駄になります。

それぞれのノートには、作るのに適した時期というのがあります。

ノート作りに旬な時期とでもいいましょうか。そういう時期が来たときに、ノートを作り出す

と、学ぶことが面白くなり、学習に対して自ら臨んでいくようになります。すると、より自分のためになるノートを作ろうと、どんどんオリジナリティのある形へと進化させていくようになります。

「ノート作りは面倒くさいもの」、そう思っている人が多いと思いますが、自分のための学習ができてくると、成長してる自分を感じるため、ノート作りが加速していくのです。ですから、学力がついてきた子ほどノートを多く作る傾向があります。自分にとって意味があることをしているという実感があるからこそ、そうなっていくのです。

これから、私たちが推奨しているさまざまなノートをご紹介しますが、これはあくまでもこういう形が望ましいのではないかというものを、独自に考えて作っているものです。教科の特徴に合わせ、用途別にノートの作り方、使うノートの種類、作成する時期なども変えています。

もとより、こういう作り方をしなければならないというものではありません。前にも述べましたが、最終的にはいかに自分にとって意味のあるノート、「オリジナルノート」を作れるかということが本当の意味で重要なのです。

いろいろな種類のノートを紹介しますが、基本的には授業ノートと演習ノートで十分です。あれもこれも作らせようと思わず、この2冊をしっかり作ることを意識するとよいでしょう。ただし、受験を控えた小6や中3では、知識ノートや復習ノートを作ることが必要となります。

28

PART2
学校では教えてくれないノートの取り方

なぜノートを取るのか
ノートの取り方

なぜ勉強にはノートが必要なのか

ノートの作り方をお話しする前に、ノートを作る目的を確認しておきましょう。

授業で習ったこと、漢字・計算の練習などノートにはさまざまなことを書きます。書くという作業をする際には、意識はあまりしていないかもしれませんが、実は目的を持って書いています。

それは、「残すため」「覚えるため」「まとめるため」というものです。

たとえば、授業で習ったことを書くのは頭に残すための補助として、計算や漢字などを繰り返しノートにやるのは覚えるためです。当然ですが、目的が違えばノートの作り方は変わってきます。

しかし、そのことに関しては詳しく教わることがないのです。ノートというものをどう扱ったらいいのかを、じつはほとんどの人が知らないまま育っていくのです。

けれど世の中には、素晴らしいノートを作った人たちもたくさんいます。たいていは中学や高校の先輩、または塾などで教わったという人たちです。そういった人たちの作ったノートを見てみると、細かい点では違いがあったりしますが、大枠の目的や作り方は似ているのです。

学習した内容を、より効果的に自分のものにするためにはどうしたらいいか、ということを突き詰めていくと、同じようなところへいきつくということなのだと思います。

まずは、代表的なノートの紹介をします。教科ごとの詳細は、その後で説明します。

PART2 学校では教えてくれないノートの取り方

〔授業ノート〕

授業で習ったことを書きとめるためのノートです。"咀嚼"することが主な目的です。

大切なことは授業ノートを作る前の、授業の聞き方にあります。授業で先生が説明したものの中で、何が大切なポイントだったのかということをしっかりと押さえ、理解することに努めます。

そして、それをなるべく頭に入れた状態で書きます。ミテウッシ病の状態で作ることが最もやってはいけないことです。

〔演習ノート〕

各教科で習ったことをもとに、問題演習をする際に使います。頭に入れた知識を"消化"するのが目的です。

算数では計算や文章題、理科や社会の問題を解く時などにも使います。そこで、字は読める程度で良いということ。それから、基本的に消しゴムは使わないことがポイントです。間違えた式や答えなどには×を書き、その下に改めて正しいものを書いていきます。また、漢字や英単語を書きなぐるときにも使いますが、初めて習った漢字の練習のときにはスピードではなく、丁寧に書くことを意識して行います。

〔知識ノート〕

基本的には「質問と答え」の形にまとめ、自分だけのオリジナルの辞書または参考書として使います。国語では知らなかった言葉の意味を調べ、使い方をまとめる〔言葉ノート〕、英語では

〔wi（word‐idiom）ノート〕、社会や理科では〔Q&Aノート〕という名前で科目ごとに作ります。

ただ、算数・数学の場合は他とは少し異なっていて、公式や発想法をまとめた〔知識ノート〕を作ります。

このノートの目的は"吸収"すること。確かな記憶として定着させることが大切です。

【復習ノート・まとめノート】

教科ごとに少し主旨が異なります。

算数・数学では自分が間違えた問題の中で、「これはいい問題だ」「この問題はなかなか解き方が浮かばないぞ」という問題の間違えた理由や発想法（問題のポイント）を言語化して残します。

また、社会や理科では〔まとめノート〕という名で、断片的な知識を有機的につなげていくために使います。国語ではノートという形式はとらず、テストの答案に〔青コメ（青ペンでのコメント）〕という形で、どう考えればよかったかを書き込みます。

いずれも、頭に入れた知識を"肉化"させるのが目的です。それぞれのノートの具体的な作り方は、これから順番に見ていきたいと思います。

共通のポイント　大切なのは余白の取り方

まず最初に、各ノートに共通するルールを確認しておきましょう。

PART2 学校では教えてくれないノートの取り方

4つのノートの考え方

① 授業ノート
まず頭に授業の内容を入れることが大事

② 演習ノート
授業の内容が定着しているか問題を解いて確かめる

④ 復習ノート
間違えた理由や発想法を書き残し、再び演習問題を解いてみる

③ 知識ノート
解けなかった問題など、重要だと思った項目をまとめる

まずは、表紙に書くことから。①教科の名前とノートの種類、②自分の名前、③使い始めた日付。授業ノートや演習ノートなど、何冊も使用するものにはナンバリングをしておきましょう。自分がどれくらい勉強をしてきたかという一つの自信になります。これらを書くのは、当たり前のような気がしますが、書き忘れる子どもは意外と多いものです。

ノートに名前を書かない子が、伸び悩むことはよくあります。ノートが自分にとって大切なものという意識が欠けているからです。忘れたり、なくしたりしたことにも気づかない子もいます。名前は忘れずに書かせましょう。

ルーズリーフを使った場合も、バインダーの表面に同じように名前などを書きましょう。

実際にノートの中に書くことで共通するのが日付を書くということです。授業ノートや演習ノートでは、ページ数や問題番号を書きます。あとで検索することを考えて書くものです。

また、どのノートにも共通して重要なことは、適度に余白があることです。**勉強のできる子どものノートには、ほどよく余白があります。** 字は決して丁寧でなくても、内容を分かって書いているなというのが余白から感じられるほどです。

で、行間がぎゅうぎゅうに詰めて書かれているものはないということです。

ノートがもったいないと、行間をあけずに詰めて書く子がいます。ノートを使う目的が学力向上のためであるはずなのに、節約になってしまっているのです。ノートがもったいないと行間を詰めた結果、成績が伸びなかったのでは、それこそ「もったいない」ことです。

PART2 学校では教えてくれないノートの取り方

共通のポイント

ノートの表紙には必ず名前を書く

自分の力で作り上げたノートは貴重な財産。何のノートか分からなくなったり、紛失したりしないよう、必ず名前を書く

教科名・種類を記載
科名とノートの種類を、大きくきれいな字で書く

国語 授業ノート

2010年2月5日〜
花田丸男

①

ノート開始日を書く
日付をつけないと、いつ作ったものか分からなくなる

ナンバリングをする
同じ種類のノートがたくさんできた場合、作った順に番号を振っておく

授業ノート 重要なことを聞き逃さずに書く

6ページに掲げた目的の一つ目にある"咀嚼"が目的のノートです。

授業で一番大切なのは、先生の話すことを集中して聞いて、その内容を理解するということ。「大切なことを一字一句聞き洩らさないぞ」という気迫を持って臨んでいるかが重要です。その中で、大切だと思ったことを書き残していくのが授業ノートです。

ですから、聞くときは聞く、書くときは書くということをはっきりとわけるべきなのです。特に算数・数学など、内容理解が必要な単元では絶対にそうすべきです。鉛筆を持ちながら聞くとか、書きながら聞くというのでは集中力が落ちてしまいます。

先生も、そのあたりを意識して、授業を行うことが必要だと思います。

板書をノートに取る目的は、二つあります。"記憶に残す"ことと"資料として残す"ことです。

授業の内容を理解し、短期記憶として一度頭に入れること。その確認が、ノートに書くという行為になります。

また、忘れてしまったときや、長期記憶になっているかの確認という意味で、資料として残す意味もあります。ですから、板書されたことすべてを書くことより、何が大切かということが分かりやすいようにしておくことが重要。

ポイントは赤ペンで書き、コラム化することで見やすくなります。板書にないことでも、重要

PART2 学校では教えてくれないノートの取り方

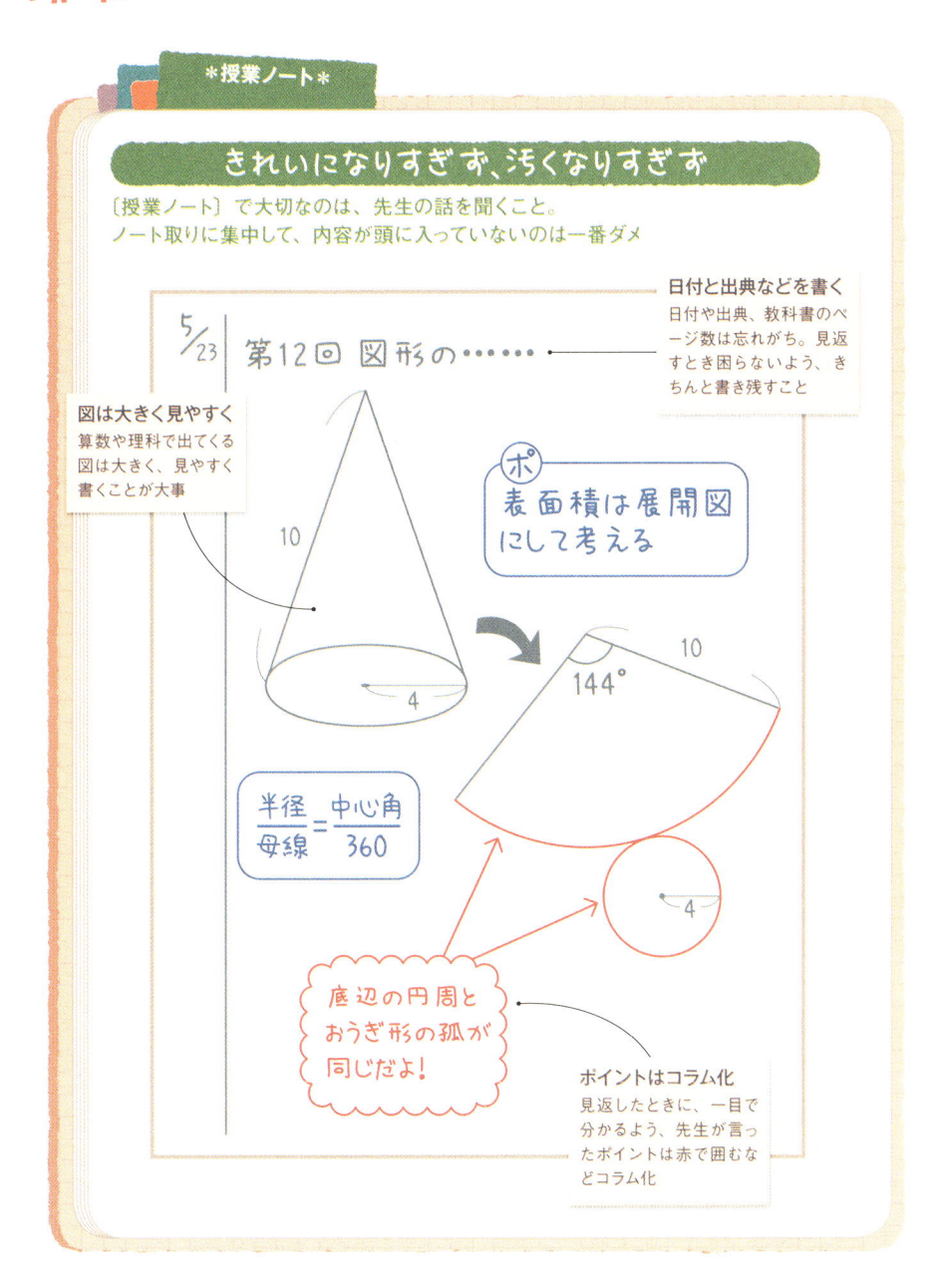

授業ノート

きれいになりすぎず、汚くなりすぎず

〔授業ノート〕で大切なのは、先生の話を聞くこと。
ノート取りに集中して、内容が頭に入っていないのは一番ダメ

5/23 第12回 図形の……

日付と出典などを書く
日付や出典、教科書のページ数は忘れがち。見返すとき困らないよう、きちんと書き残すこと

図は大きく見やすく
算数や理科で出てくる図は大きく、見やすく書くことが大事

10

4

ポ 表面積は展開図にして考える

144° 10

$$\frac{半径}{母線} = \frac{中心角}{360}$$

4

底辺の円周とおうぎ形の弧が同じだよ！

ポイントはコラム化
見返したときに、一目で分かるよう、先生が言ったポイントは赤で囲むなどコラム化

演習ノート スピード重視で解く

だと思ったことはメモしておきましょう。

あとで見返すことが前提のノートですから、読める字で書いてあることが必須です。丁寧すぎる必要はありません。理解して書いているか、ということが重要なことです。もちろん、最悪なのがミテウツシです。何も理解しないまま、ただただ板書されたものをノートに書き写すのは、本当に時間の無駄ですから、絶対にさせてはいけません。

目的の二つ目である"消化"のためのノートです。

演習の目的は、体に覚えさせることです。たとえば、野球のバットの振り方を知っているだけでは、理想のスイングはできません。いくつものチェックポイントに対して、正しい動きができているかを確認し、それができたら徐々に早く振ってみて、修正を加えてはまた振る。

そうやって、理想のスイングを身体に覚えさせます。バットを振る筋力も必要ですし、いつでも同じスイングができるように反復練習をします。それを繰り返すことで、考えなくても理想のスイングをすることができるようになっていくのです。

算数などの問題を解いても、習いたてのころは教わったことを順番に思いだしながら解くので、なかなかスピードが上がりません。

PART2 学校では教えてくれないノートの取り方

演習ノート

自分が読める字なら汚くてもOK

［演習ノート］はスピード重視。多少汚い字でもよいので、集中力をもって、どんどん問題を解いていくことが大切だ

間違えることも当然あります。その理由として、自分がどういう間違い癖があるのかを知っておくことは、伸びるためには欠かせないものです。特に算数では、その点がとても重要です。基本的には消しゴムを使わず、間違えたところに×印をして次に行を改めて式や答えを書いていきます。筆算などは、コラム化して残しておきます。答え合わせをしたときに、どこで間違えたかを確認するためです。解き終わったらテストにも○×をつけておくことで、テスト前に復習しやすくなります。

知識ノート　自分だけのオリジナル辞書を作る

目的の三つ目にあたる〝吸収〟を目的としたノートです。

国語や英語では、語彙力があるかどうかは大変重要なポイントです。知らない言葉や単語が出てきたときに、その場ですぐに調べて残せるかが勝負所。「あとで」でなく、「今」調べられるかです。意味だけでなく用例を書いたり自分で例文を作ってみることで語彙を獲得できます。

また、理科や社会では知識の量が点数を大きく左右します。 1 授業内容を踏まえた基礎知識中心の〔Q&Aノート〕、 2 テストで間違えた問題を集めた〔Q&Aノート〕の2種類にわかれます。

演習ノートは、スピード感を最も重視します。スピード重視ですから字に関しては、読める程度で十分。

間違えることも当然あります。その理由として、自分がどういう間違い癖があるのかを知っておくことは、 1 計算間違い、 2 問題の読み間違い、 3 考え方が定着していない、などが考えられます。自分の弱点を把握して、再度演習に取り組みます。

PART2 学校では教えてくれないノートの取り方

＊知識ノート＊

間違えたことをQ&Aで整理する

〔知識ノート〕は、覚えたはずのことが頭に定着しているかチェックするもの。
何度も見返すので、丁寧に書くこと

社会の〔Q&Aノート〕

2/15	Q	A
1252 ○×○	国連に加盟した国の中で最も新しい国は？	モンテネグロ
1253 ××○○	ギリシヤのパルテノン神殿と同じ建築様式を使った日本の建物は？また、その建築様式の名前は？	法隆寺　エンタシス
1254 ○○○○	2009年のサミットに参加した国を8つ答えよ	日本　アメリカ　イギリス　フランス　ドイツ　ロシア　カナダ　イタリア　〈覚え方〉EUさん日独伊ア仏露カ英　〈マメ〉
1255 ○○○×	2009年のサミットはどこで開催？	イタリア、ラクイラ

左にQ、右にAを書く
ノートを2つに区切り、左にQuestion、右にAnswerを書く。日付も忘れずに

何度も繰り返し解く
〔Q&Aノート〕は作って終わりでは意味がない。何度も解くことが大事。解いたらそのつど○×チェックを

豆知識を書き込んでおく
社会や理科の確かめるノートで最も大切なのは豆知識

41

詳しい作り方は、各教科の単元で説明します。

今紹介した4つの教科に関しては、作ったものが自分だけのオリジナルの問題集になります。ですから、使ってこそ意味のあるノートなのです。**作って満足してしまわないように、作ったものを使っているかに目を光らせることが重要**です。

使い方は、国語・英語であれば意味などの書かれた部分を隠して意味などを言えたり、書けたりするかを確認します。理科・社会であればA（answer）の部分を隠して、答えが分かるかです。○が並ぶことで、自分がしっかりとやってきたという自信にもなりますから、必ずつけましょう。

算数は入試などが近づいたときに、公式や考え方などをまとめたものを作ります。一度そういったものを書き出すことで、間違えて覚えていないか、抜けはないだろうかということの確認にもなります。

復習・まとめノート
問題の本質をつかむための高度なノート

授業もしっかりと聞いて、演習もやってきたし、知識も蓄えた。けれども、テストになると点数がなかなか上向かない子がいます。

そういう子たちに決定的に足りないのは、"思考の体系化"と"知識の有機化"です。これら

PART2 学校では教えてくれないノートの取り方

に対応するのが、目的の四つ目にあたる"肉化"にあたるノートで、これこそが学習の本質をつかめるものです。子どもがこのノートを作れるようになったとき、本質的な学習の仕方を身につけたともいえます。本当の意味で勉強が面白いと思うのは、こういったことができてからだと思っています。

しかし、これは簡単なことではありません。ここからは、自分のできていないことに対して、どこまで真摯に向き合えるかが問われるからです。

大人でも、自分のミスに対して正面から向き合うのは大変なこと。けれど、これができなければ大きく成長していくことはありません。入試まで残り1〜2カ月という時期から、本当に伸びていくことができるかどうかは、自分ができていないこと・理解しきれていないことに正面から向き合い、それを言語化していけるかどうかにかかっています。

この作業を怠ると、たとえ入試では合格できたとしても、そのあと苦労することになります。

結局、本質的な理解をしていないわけですから、問題が難化したときによく分からなくなってしまうのです。問題の本質をつかむ訓練をしっかり積むことが、後伸びする子どもを育てることにもつながります。

具体的には、算数では【復習ノート】、国語では【青コメ】、理科や社会では【まとめノート】といった形で作っていきます。

算数や国語では、できなかった理由や、どう考えればよかったかということを言語化し、考え

方をまとめていきます。理科や社会は、表の形などにまとめたことを、何も見ずに再現してみます。

さらに、まとめたものを見て説明してみて、断片的だった知識を有機的につなげていきます。たとえば歴史であれば、時代背景などを踏まえて一つの物語を話すように説明できればいいわけです。理科や社会の場合は、〔まとめノート〕と〔Q&Aノート〕をセットで考えます。〔Q&Aノート〕で知識を蓄え、それを〔まとめノート〕で確認します。

これら復習ノートで大切なことが二つあります。一つは、**大人がチェックするということ**です。専門的なことばかりになるので、先生に見てもらうのがよいでしょう。言語化するという作業は大変高度なことですので、作り始めのころは特に注意が必要です。ここで正しく導いてあげないと、意味のないものを作り続けてしまうことになってしまいます。ですから、チェックする側も書いてあることが的を射ているかどうかを、真剣に確認しなければなりません。

二つ目は、**作る時期を間違えないこと**です。とても高度なことを要求するので、早めに作らせようとしても、子どもの成長が追いついていない場合、無駄な時間と労力を費やすことになります。長年の経験から、これらを作るのは中学受験なら6年生、高校受験なら3年生の秋からというのが一番よいでしょう。

PART3 思考力を育てる算数・数学のノート

(a+b)×c=a×c+b×c
(上底＋下底)×高さ÷2

算数・数学のポイント "考える力" が試される教科

算数・数学という教科が、単に計算をして答えを出す教科だと考えている人がたくさんいるように感じています。

確かに、計算ができなければ、答えを出すことはできません。そのため、間違えずに答えを出せるように、反復練習をしなければならないという面はあります。

けれどそれは、算数・数学のほんの一部でしかありません。計算は、さまざまな問題を解くための道具でしかないのですが、その使い方の練習をしている間に、計算や数学の本質、面白さを子どもたちに伝えきれていないのはとても残念なことです。これは、算数や数学の本質、面白さを子どもたちに伝えきれていないからでしょう。

算数や数学は、"思考力" 全般を扱う大変重要な科目です。

特に、中学入試などで問われているのは、大きくわけて二つあります。"見える力" と "詰める力" です。

"見える力" とは、補助線が浮かんで見える "図形センス" や、頭の中で立体を展開したり斜めに切った断面図などをイメージできる "空間認識力"、手を動かしてあれこれ試すことができる "試行錯誤力"、思考の枠を外して考えることができる "発見力" などです。

また、"詰める力" とは、矛盾や漏れ、破綻がないように論理構築できる "論理力"、複雑で長

PART3 思考力を育てる算数・数学のノート

い文章問題から出題者がやらせたいことを見抜く"要約力"、読み落とし・読み間違いをしない"精読力"、最後に、問題を何としてでも解いてやるという"意志力"です。

たとえば、「AよりBが大きい、CよりAが大きい、CよりDが小さい」という文章を読んで、大きい順に「BACD」と並べられるかといった、整合性への敏感さも問われます。このあたりは、高濱著『小3までに育てたい算数脳』(健康ジャーナル社)で詳しい説明を省きますが、要するに"見える力"と"詰める力"とは、自分の頭を使って考えるという力なのです。算数的な力があるかどうかは、問題を解いている様子を見ると分かります。算数が得意な子は、与えられている情報を書き出してみたり、図や線分図を書いてみたりして、ゴールを目指して進み始めます。とりあえず手を動かして考えます。

一方、苦手な子は、鉛筆は持っているけれども何も書くことなく、じっと問題文とにらめっこをしたまま。結局何も書かずに「分かりません」とあきらめてしまいます。そういう子たちは幼少期に数え上げをあまりせず、足し算や引き算、ときにはかけ算から入った子たちに多く見られます。計算はやたらと得意なので、文章問題を解くときも、何算で解くのかということばかりを意識します。そのうえ文章問題をイメージ化することなく解いていますから、複雑な問題になるとどうしてよいか分からなくなるのです。

ですから、図を書くことなどを丁寧にさせていかなければなりません。計算が得意な男の子などは、図を書くことを嫌がりますが、ここはひいてはいけないところです。

47

豊富な原体験が、「手を動かして考える」ことにつながります。ですから低学年のときに、計算式の意味を自分で絵や図を書いて視覚的に理解する習慣を身につけさせておくことが必要不可欠なのです。

"見える力"は、10歳頃をピークにその後は伸びにくくなりますが、高学年からはノート法で思考の体系化をすることで学力を伸ばすことができます。ここからは、算数で作る4つのノートを説明していきます。

授業ノート　その場で理解し、覚えて書く

4つの目的のうち"咀嚼"にあたる部分のノートです。

授業ノートを作る際に最も大切なのは、**授業内容を理解したうえで板書を取る**ということです。

先に書きましたが、ミテウツシ病の状態での板書は最悪です。

授業中の先生の説明を一字一句聞き漏らさないという集中力が必要ですし、理解するために頭を常にフル回転させておかなければなりません。たとえ書式がわかっていても、「この場ですべてものにしてやるぞ」といった心構えがなければ、本当の意味での良い授業ノートはできあがりません。その点を踏まえて、次のことに注意してノートを取るといいでしょう。ポイントは大きく3つです。

PART3 思考力を育てる算数・数学のノート

1 検索のための日付と番号

授業ノートに必ず書くことは、日付とページや問題番号などです。授業ノートは後で見返すことを前提に作っているものですから、検索をかけられるように日付などを書きます。また、授業で説明される範囲が分かっているのであれば、事前にそこをコピーして貼っておくのもいいでしょう。

2 ポイントのコラム化

次に、大切なポイントをどうやって残すかということについてですが、キーワードは"コラム化"です。赤ペンなどで大切なことを書き、囲っておきましょう。

注意を促すために黒板に赤や黄色で書いてあるものを、面倒くさいといって、鉛筆でそのまま書いてしまう子どもがいますが、そういったときにはペンで書くように指導をします。「色が違う=重要なこと」という意識を持たせることは重要です。結局、この問題は何がポイントなのかということをつかむ意識へとつながります。もちろん、見返したときにもすぐにポイントの復習ができます。

ただし、色ペンの多用は厳禁です。何が重要なのかが見えなくなることと、授業が遊びの場になってしまう可能性があるからです。ペンは2・3色くらいで十分です。赤と青は、必ず持っておきましょう。

3 図や線分図は大きく書く

最後に、図や線分図は大きめに書くことです。いろいろと書き込みをしますから、図が小さいと、数字が重なったり、書いた数字がどの部分を指しているのか分からなくなってしまいます。図は文章を視覚化したものですから、見やすくなくては困ります。テストの際も定規を使わずに、フリーハンドである程度きれいに書けるようにしておきましょう。図などは定規を使わずに、書くことになりますから、慣れておくという意味もあります。

意識すべきことは、**考え方を分かりやすく残すということ**。説明の中で出てくる計算式は、あとで見返したときに分かる最低限のものが残っていればかまいません。式をすべて書いたけれど、見返したときになぜそのような式を立てるのか分からないのでは意味がありません。それよりも、「こう考えるからこの式になる」とコメントを残すほうが、何倍も意味のあるノートになります。

また私たちは、ミテウッシ病を防ぐための工夫として、"カーテン授業"というのを行うことがあります。

通常、先生の説明は鉛筆を置いて、授業の内容を集中して聞くようにさせています。そして、内容を理解し覚えたものをノートに書くわけですが、黒板には板書が残っているので、忘れてしまったら見ることができます。

本当に集中して理解させるために、説明が終わったところで、ロールカーテンをバッと下げて

PART3 思考力を育てる算数・数学のノート

カーテン授業の様子
ミテウツシ病を防ぐため、先生の説明は鉛筆を置いて聞かせる。内容をしっかり理解していれば、黒板を隠されても公式やポイントをノートに書ける

黒板に書かれているものを隠してしまいます。当然、集中していなかったり、聞き洩らしがあるとノートに書くことができません。逆に、内容をしっかり理解していれば、板書を見なくても公式やポイントを書くことができるわけです。

慣れないうちは、ある程度の時間が経ったところでカーテンを開けて黒板に書かれていることを見せてあげます。最初はこの一連の流れについてこられず、戸惑う子もいますが、しばらく続けているとみんな最後まで書けるようになります。

結局のところ、授業というのは、子どもたちをどこまで集中させられるかということが勝負になりますから、そういった意味でこのカーテン授業というのは効果覿面なわけです。

PART3 思考力を育てる算数・数学のノート

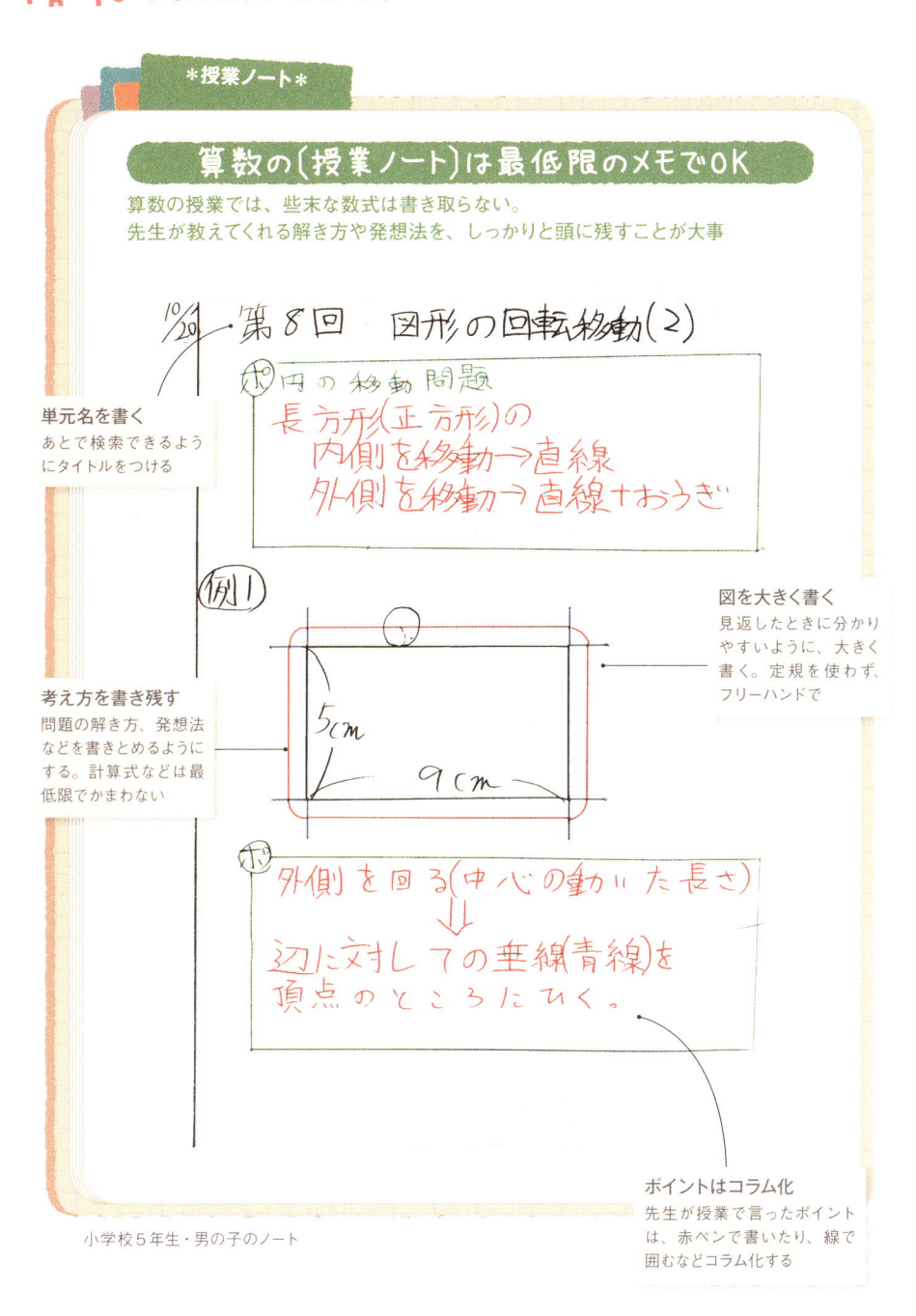

授業ノート

算数の[授業ノート]は最低限のメモでOK

算数の授業では、些末な数式は書き取らない。
先生が教えてくれる解き方や発想法を、しっかりと頭に残すことが大事

10/29 ・第8回　図形の回転移動(2)

(ポ) 円の移動問題
　　長方形(正方形)の
　　　内側を移動→直線
　　　外側を移動→直線＋おうぎ

(例1)

[図：長方形 5cm × 9cm、角に円]

(ポ) 外側を回る(中心の動いた長さ)
　　　⇩
　　辺に対しての垂線(青線)を
　　頂点のところにひく。

単元名を書く
あとで検索できるようにタイトルをつける

図を大きく書く
見返したときに分かりやすいように、大きく書く。定規を使わず、フリーハンドで

考え方を書き残す
問題の解き方、発想法などを書きとめるようにする。計算式などは最低限でかまわない

ポイントはコラム化
先生が授業で言ったポイントは、赤ペンで書いたり、線で囲むなどコラム化する

小学校5年生・男の子のノート

演習ノート　スピード感があるノートになっているか

これは、目的の〝消化〟にあたるノートです。演習ノートは、授業で習ったことを定着させるための問題演習をこなすために使います。授業ノートと一緒にしている人が多いですが、目的が全然違いますから、ノートは必ずわけるようにしましょう。

演習ノートを作る際に注意するポイントは、5つあります。

1 スピード重視

演習ノートで最も重要視しているのが、スピードです。これには、いくつかの理由があります。

一つは、「考え方が頭に入っていて解いているか」を意識していること。考えが定着していないときの演習ノートからは、勢いが感じられません。

けれど、ゴールまでの考え方が浮かんで解いている場合は、よどみなく解いているのがノートを見ると伝わってくるほどです。スピードを重視しているというよりは、浮かんだ考えを忘れないうちに書きとめなければと思うため、必然的にスピードが上がってくるのです。

そうなると、丁寧に書いているわけにはいきません。字が雑になることも必然です。初めはスピードを意識して解いているかもしれませんが、結果としてスピードを上げざるを得ないということになるのです。

また、このスピードがテストの際にも効果を発揮します。基本的な問題を一気に解けることで、

PART3 思考力を育てる算数・数学のノート

後半に出てくる思考力を必要とする問題をじっくり考えられるようになるのです。

② 消しゴムを使わない

前に書いたように、考えが浮かんだあとは、一秒でも早くゴールへと向かいたいわけです。途中で間違えたときに、それをいちいち消していてはタイムロスなうえに、ひどい場合は浮かんだ解き方が頭から消えてしまうかもしれません。

そうすると、必然的に消しゴムで消している時間がなくなるわけです。初めはそこまでのスピードで解くということもないでしょうが、消しゴムを使わず×を書いて式を消します。

③ 筆算をコラム化

筆算は、残すことにしています。できればコラム化すると見やすいでしょう。やりっぱなしでは、次に筆算をしたものや、ほかの式などと混ざってしまうことがあります。また、万が一その問題を間違えた場合に、計算間違いなどをしていなかったかを確認するという意味でも分かりやすく残しておかなければなりません。

④ 一問ごとに区切る

子どものノートを見ていると、どこからどこが一つの問題なのか、分かりにくいものがとても多くあります。そこで、一問終わるごとに横線で区切るわけです。これには、**見やすくなる**、丸つけがしやすいという以外に、意識の切り替えがうまくなるという効用もあります。

この形でできるようになった子どもを見ていると、横線で区切る度に勢いが増しているように

筆算を必ず残す
計算式はすべて残しておくこと。1カ所にまとめておく習慣をつけないと、本番で計算ミスの原因になる

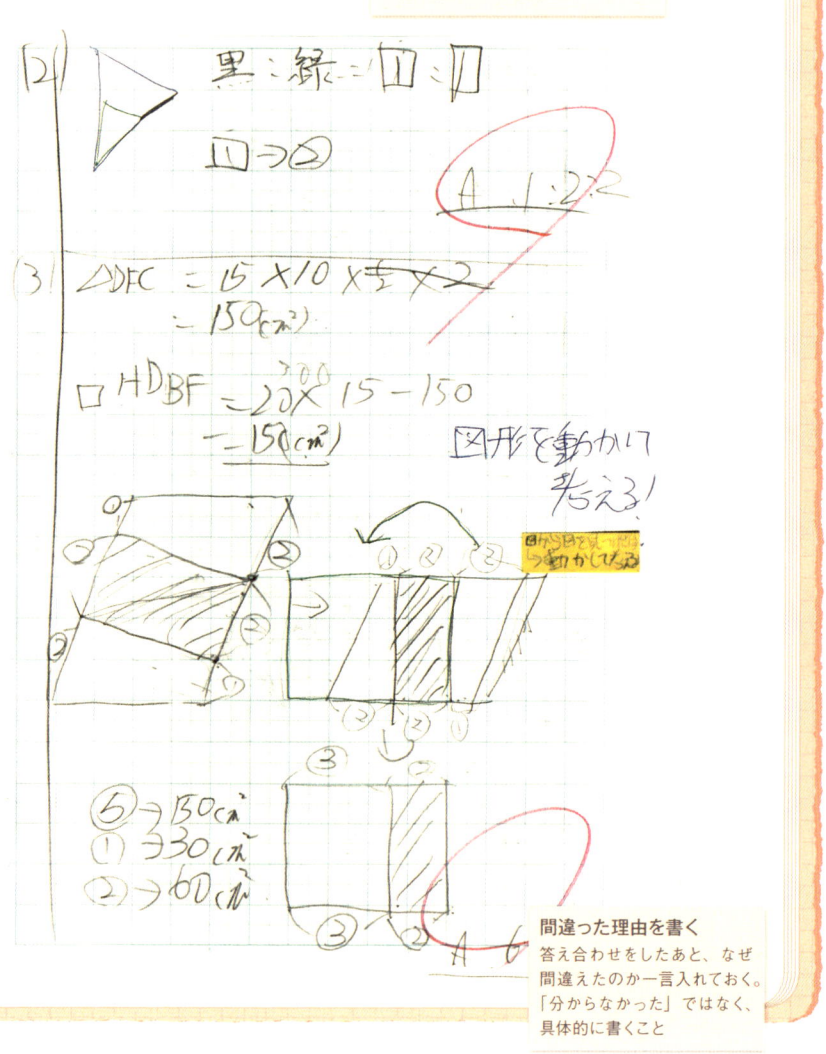

(2) 黒：緑＝①：①

①→②

A. 1:2:2

(3) △DFC ＝ 15×10×1/2×2
＝ 150(cm²)

□HDBF ＝ 20×15－150
＝ 150(cm²)

図形を動かして
考える！

⑤→130cm
①→30cm
②→60cm

間違った理由を書く
答え合わせをしたあと、なぜ間違えたのか一言入れておく。「分からなかった」ではなく、具体的に書くこと

PART3 思考力を育てる算数・数学のノート

演習ノート

〔演習ノート〕ではスピードと正確さを重視する

算数の〔演習ノート〕は、どんどん解答と計算式を書いていくことが大事。そのため、消しゴムは使わない

スピードを重視する
字は多少、雑でもかまわない。それよりスピード感を重視して、問題をどんどん解いていく

消しゴムを使わない
間違えたら、斜線や×で消す。消しゴムを使う時間を惜しむくらいテンポよく解いていく

一問ごとに区切る
答え合わせしやすいよう、問題ごとにブロック化する。一問一問、線で区切ったり、余白を多めにとる

小学校5年生・男の子のノート

も感じられます。たった一本の線ですが、これを書くのと書かないのとでは大きな違いがあります。

5 **間違った理由を明確にする**

あとで紹介する復習ノートでも間違えた理由を明確にしますが、演習ノートでは目的が少し異なります。演習ノートの場合は、計算間違いなのか、考え方を間違えたのかということを明確にするのです。

自分がどういう間違いをしやすいか、その傾向を知ることが、次に同じような間違いをしないためには重要ですので、できれば理由を書いておくといいでしょう。特別見返すわけではありませんが、「間違えた理由を確認した」ということが大切です。

〈知識ノート〉 **公式や発想法だけが集まった参考書**

これは"吸収"が目的のノートです。算数の知識ノートは、たくさんある公式や発想法を一つにまとめてしまおうというものです。普段、授業ノートなどに公式や考え方は書いていますが、ほかにも問題や式などさまざまなことが書かれていますし、体系的にはまとまっていません。それを入試などが近づいたときに一気にまとめることで、知識の再確認にもなります。定期テスト前などにまとめるのもいいと思いますが、一通りのことを習った時期というのが最適と思っています。

PART3 思考力を育てる算数・数学のノート

ます。

このノートは考え方などを確認するためなので、ほかのノートに比べて、字や図は丁寧に書きます。色ペンなどをうまく使って、見やすく分かりやすいノートに仕上げていきます。ルーズリーフで作成し、分野ごとにファイリングするのもいいでしょう。完全にインプットできたものは取り外していけば、自分が理解していることとそうでないことが一目瞭然となります。

もし、普段から作成したいなという場合は、一冊のノートを作っておくといいでしょう。たとえば、一学期に習ったことのポイントだけをまとめたものといった形で作るといいと思います。

これは、教科書や参考書などを見てまとめることをおすすめします。記憶だけをたどってやってしまうと、漏れがあったり、書き間違えたりという危険があるからです。書き間違いは最悪です。間違いを頭にインプットしてしまうことになりますから、それだけは絶対に避けてください。

作成したら、どういう発想法があったか、問題を解く前に一度目を通して確認しましょう。スムーズに解ける問題があるはずです。うまく発想法が出なかった問題もあるかもしれません。そのときは、また知識ノートで確認をすればよいでしょう。学力を伸ばすためには「知識の確認と実践」、この繰り返しが必要です。

教科書や参考書を見ながら作る

記憶だけをたどって作ると、漏れや書き間違えが起きるリスクがある。教科書や参考書を見ながら〝正しい〟ことを書く

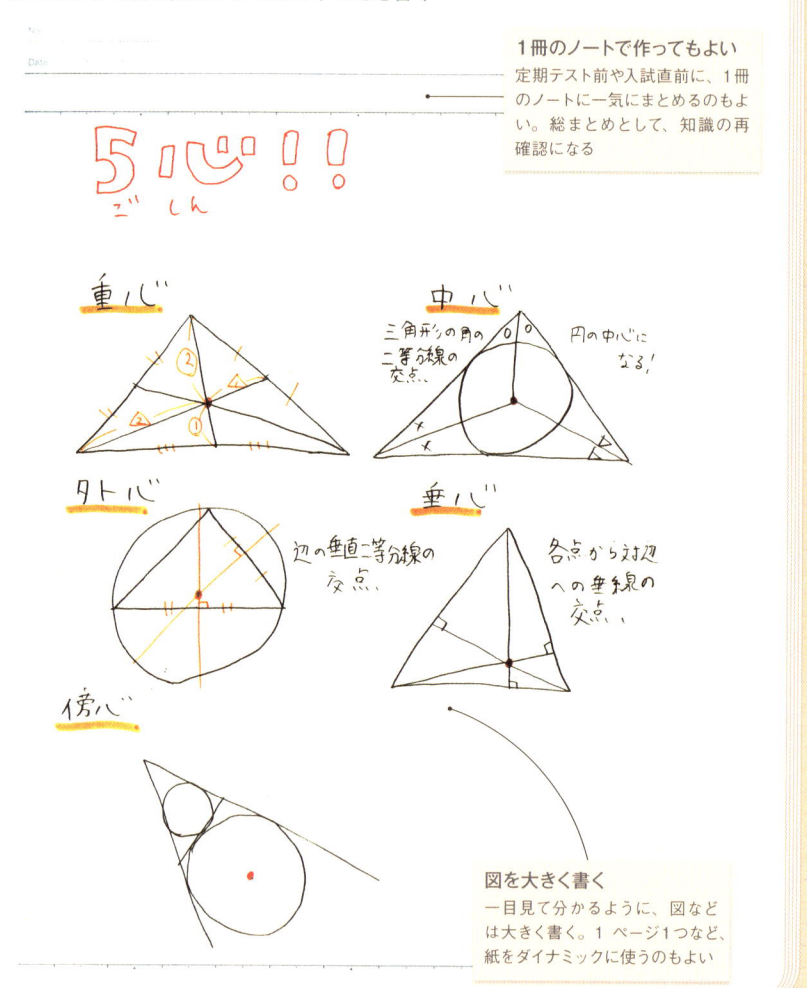

1冊のノートで作ってもよい
定期テスト前や入試直前に、1冊のノートに一気にまとめるのもよい。総まとめとして、知識の再確認になる

5心！！
ごしん

重心

中心
三角形の角の二等分線の交点。
円の中心になる！

外心
辺の垂直二等分線の交点。

垂心
各点から対辺への垂線の交点。

傍心

図を大きく書く
一目見て分かるように、図などは大きく書く。1ページ1つなど、紙をダイナミックに使うのもよい

中学校3年生・女の子のノート

PART3 思考力を育てる算数・数学のノート

知識ノート

何度も見返すノートなので丁寧に書く

公式や発想法をまとめておくノート。授業ノートに書いたポイントを体系的にまとめ、オリジナルの参考書を作る

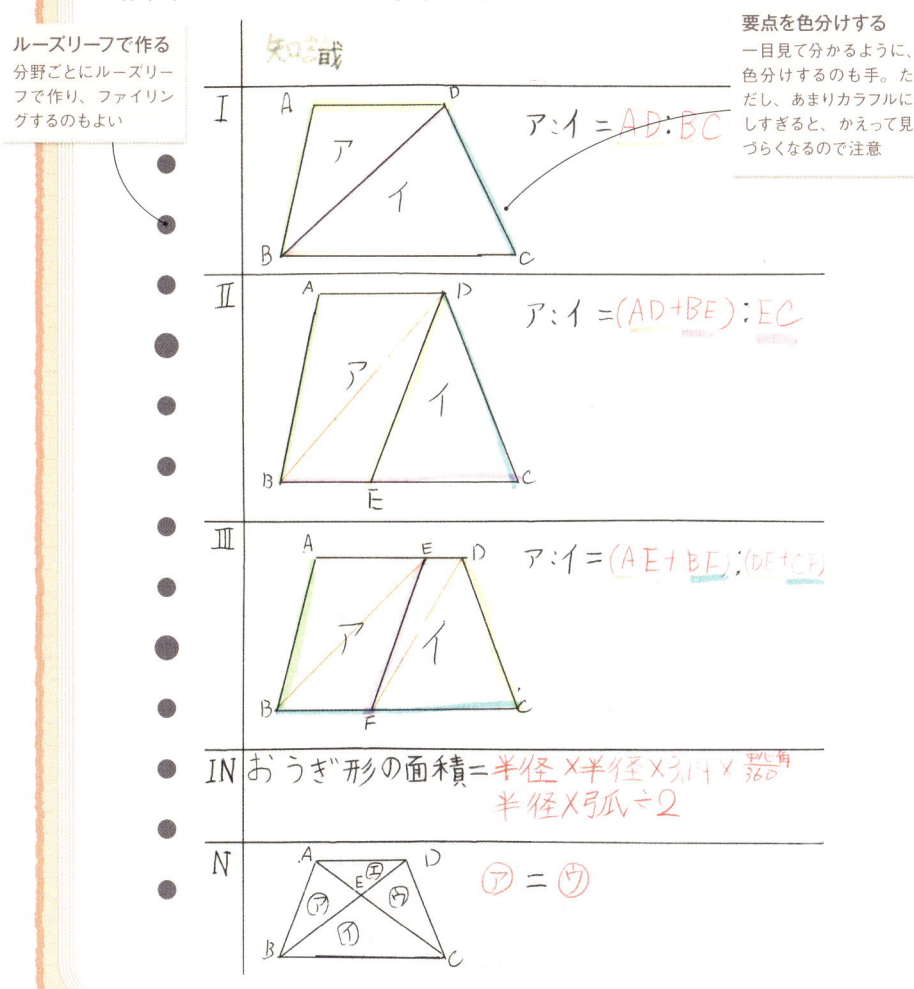

ルーズリーフで作る
分野ごとにルーズリーフで作り、ファイリングするのもよい

要点を色分けする
一目見て分かるように、色分けするのも手。ただし、あまりカラフルにしすぎると、かえって見づらくなるので注意

知識

I ア：イ ＝ AD：BC

II ア：イ ＝ (AD+BE)：EC

III ア：イ ＝ (AE+BE)：(DE+CE)

IN おうぎ形の面積 ＝ 半径×半径×3.14× 中心角/360
　　　　　　　　＝ 半径×弧÷2

N ア ＝ ウ

小学校6年生・男の子のノート

復習ノート 「理由」と「ポイント」が能力を伸ばす

最後は"肉化"のためのノートです。本物の算数の力をつけるために作ります。

これまで、いくつかのノートを紹介しましたが、学習の本質をとらえたノートはどれかと考えたときに、それはこの復習ノートだと断言できます。

このノートを作るにあたって注意しなければならないのは、子どもの発達段階、それとこのノートを作るにふさわしい時期であるかということです。

復習ノートは、一歩間違うとただ時間と労力を無駄にしただけで終わってしまう可能性があるからです。親が、焦って作らせても効果は上がりません。逆に本人の意識や時期がはまったときには、能力を一気に開花させるほどのノートです。

このノートの肝は、自分とどこまで真剣に向き合えるかということです。後で詳しく話しますが、間違えた理由を明確にしなければなりません。自分のミスに目を向けたくないといって、目をそらすのではなく、真剣に問題と向き合うことに意味があります。

この作業の大変さや重みを感じられない時期であれば、「作ってみただけ」になりますし、向き合えない状態なら「作ったフリ」のノートができあがってしまいます。理由やポイントに関しても、本当に正しく書けているか、ずれていないかを追究しますので、かなり厳しい作業になります。

けれど、いい復習ノートを作れるようになった暁には、算数・数学の能力が飛躍的に上がります。

PART3 思考力を育てる算数・数学のノート

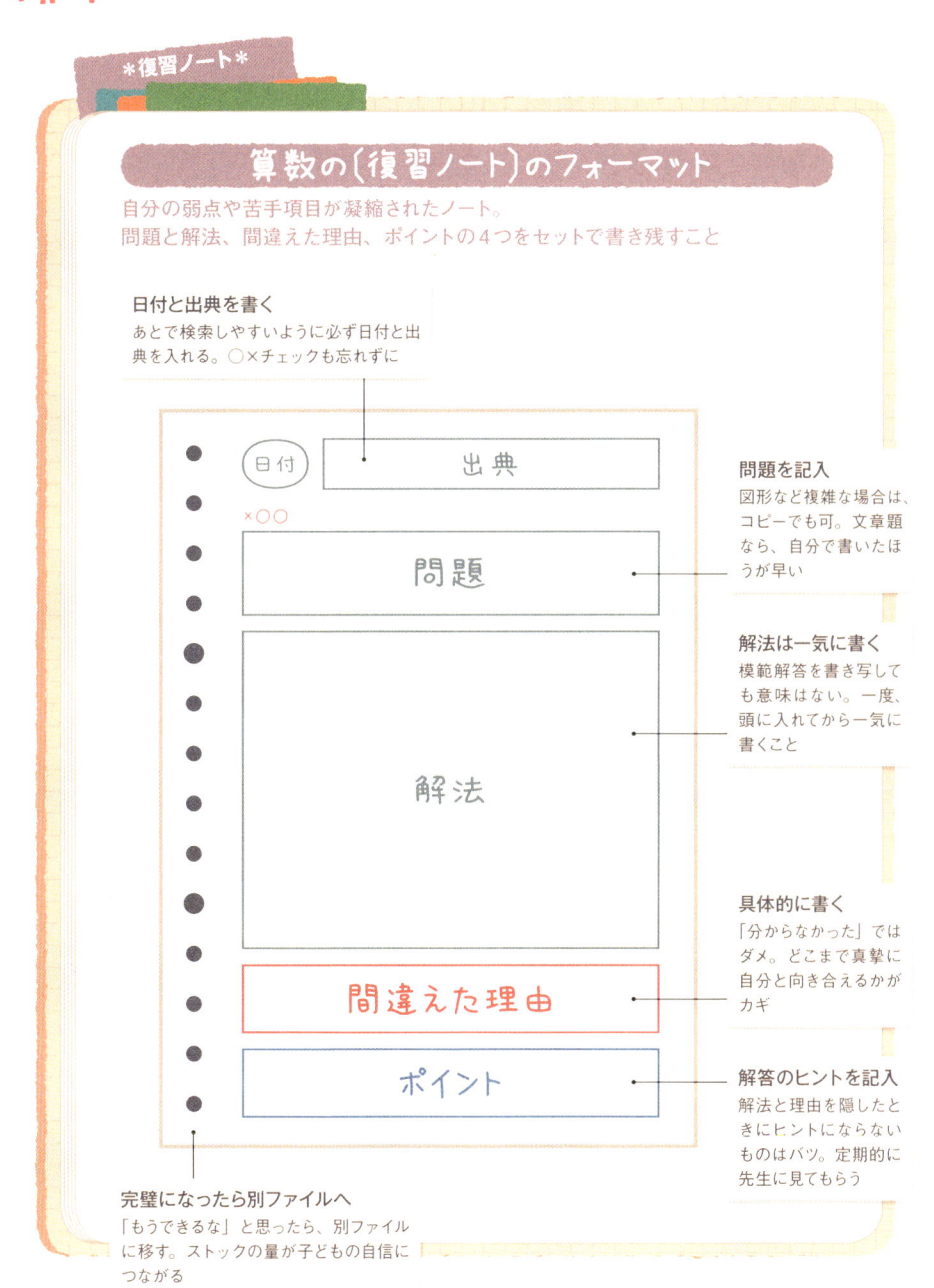

＊復習ノート＊

算数の〔復習ノート〕のフォーマット

自分の弱点や苦手項目が凝縮されたノート。
問題と解法、間違えた理由、ポイントの４つをセットで書き残すこと

日付と出典を書く
あとで検索しやすいように必ず日付と出典を入れる。○×チェックも忘れずに

```
┌─────────────────────────┐
│ 日付    出典            │
│ ×○○                    │
│ ┌─────────────────────┐ │
│ │      問題           │ │
│ └─────────────────────┘ │
│ ┌─────────────────────┐ │
│ │                     │ │
│ │                     │ │
│ │      解法           │ │
│ │                     │ │
│ │                     │ │
│ └─────────────────────┘ │
│ ┌─────────────────────┐ │
│ │    間違えた理由     │ │
│ └─────────────────────┘ │
│ ┌─────────────────────┐ │
│ │      ポイント       │ │
│ └─────────────────────┘ │
└─────────────────────────┘
```

問題を記入
図形など複雑な場合は、コピーでも可。文章題なら、自分で書いたほうが早い

解法は一気に書く
模範解答を書き写しても意味はない。一度、頭に入れてから一気に書くこと

具体的に書く
「分からなかった」ではダメ。どこまで真摯に自分と向き合えるかがカギ

解答のヒントを記入
解法と理由を隠したときにヒントにならないものはバツ。定期的に先生に見てもらう

完璧になったら別ファイルへ
「もうできるな」と思ったら、別ファイルに移す。ストックの量が子どもの自信につながる

使用するのはA4のルーズリーフ。これはいろいろ試してきた結果、これがいいだろうというところに落ち着きました。基本的には、ルーズリーフは片面使用（左側に綴じ穴）です。書く項目は4つ。上から、1問題、2解法、3間違えた理由、4問題のポイントです。

どういった問題を復習ノートに残すかというと、「これはいい問題だな」「この考え方は残しておきたいな」という問題です。目安としては2回くらい解いたけれど、発想法がスムーズに出てこなかった問題です。計算間違いの問題などでは作りません。具体的な作り方を順番に説明していきましょう。

1 問題

コピーを貼ってもかまいません。ただし、書いたほうが早い問題に関しては書いてしまいましょう。

2 解法

ここは勝負所です。この復習ノートは作成する前に、考え方を分かって作らなければ意味がありません。なぜならば、この解法を書くときには**「一気に書く」ことが重要**だからです。

授業ノートでミテウツシ病の話をしましたが、この復習ノートでも参考書を見ながら解法を書いたのではミテウツシ病となんら変わりません。頭の中に解き方をたたき込んだ状態で作ることに意味があります。一気に書けたかどうかの審査員は、作成している自分だけ。ここでも真剣さ

PART3 思考力を育てる算数・数学のノート

が問われます。

3 間違えた理由

間違えた理由を具体的に書きます。たとえば、「立体の問題なのに、平面に落とし込んで考えなかったから」といった具合です。ダメな例としては、「問題をちゃんと読んでいなかったから」「どうすればいいかまったく分からなかった」などです。

読み間違いや計算間違いの問題で復習ノートを作っていたら、作成基準を勘違いしているので、改めて伝えてあげましょう。

4 問題のポイント

このポイントというのは、問題によっては二つあることがあります。

一つ目は、その問題を解くうえでの一番のポイント。もう一つは、自分が間違えてしまったところに対してのポイントです。この二つが一致することもありますし、そうでない場合もあります。このポイントも**具体的に書かなければ意味がありません**。たとえば、「立体は平面で考える。(見取図・断面図・投影図・展開図)のうち、この問題は投影図で上から見た図を書くのがポイント」と書きます。

このポイントは理由以上に難しいこともあってか、作り始めのころは「次はがんばる」「問題をよく読む」といった努力目標が書かれることがしばしばあります。

このポイントが合っているかという一つの目安として、「解法」と「理由」を隠して問題を見たと

きに、ポイントのところが問題を解くうえでのヒントになっているかということです。そうでなければ、ポイントが的外れなものになっているので、もう一度考えなければなりません。

このノートを作ったあとには、3の理由と4のポイントのところは先生に見てもらうことをおすすめします。専門的な分野になりますから、ご家庭ではあまり触れないほうがよいでしょう。先生に見てもらって、問題なく書けていたとき、または書きなおしをしたあとにはコラム化します。

理由とポイントでは、色を分けておくといいでしょう。

このノートは、自分の間違えたものが詰まったオリジナル問題集です。作って満足するのではなく、時間をおいて解き直してみたり、ポイントの部分を言えるか確かめるというような使い方をします。また、別解が浮かんだときには、裏面に書いておきましょう。

PART3 思考力を育てる算数・数学のノート

復習ノート

算数・数学の〔復習ノート〕の例①

自分と真剣に向き合って「どこで間違えたか」「どんな発想が浮かばなかったか」、ミスの原因や解決策をまとめていくノート

> 平成14年度 城北中学校 ③(1)
>
> 図アの直角三角形2つを並べ、図イのような図形を作ります。直線のが斜線部の面積を2等分するとき、角あの大きさを求めなさい。

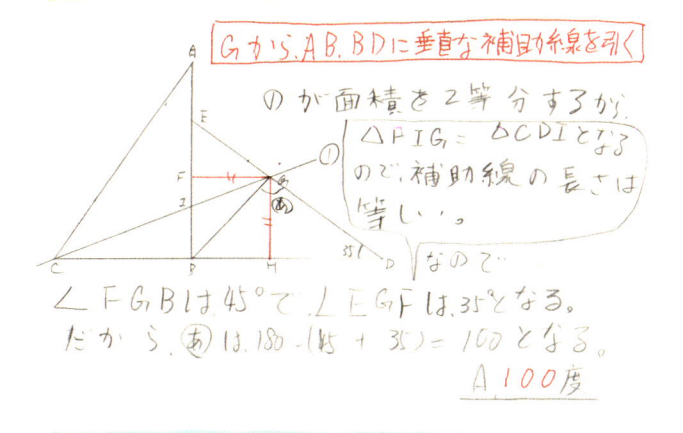

Gから、AB、BDに垂直な補助線を引く

のが面積を2等分するが、△FIG≡△CDIとなるので、補助線の長さは等しい。

なので

∠FGBは45°で∠EGFは35°となる。
だから、あは180-(45+35)=100となる。

A 100度

補助線をADに引いた。

相似ができるように補助線を引く。

小学校6年生・男の子のノート

算数・数学の[復習ノート]の例②

復習ノートは「かつて自分が間違えた問題」を集めた、オリジナルの問題集。
作って満足せず、時間をおいて再度解くことが大事

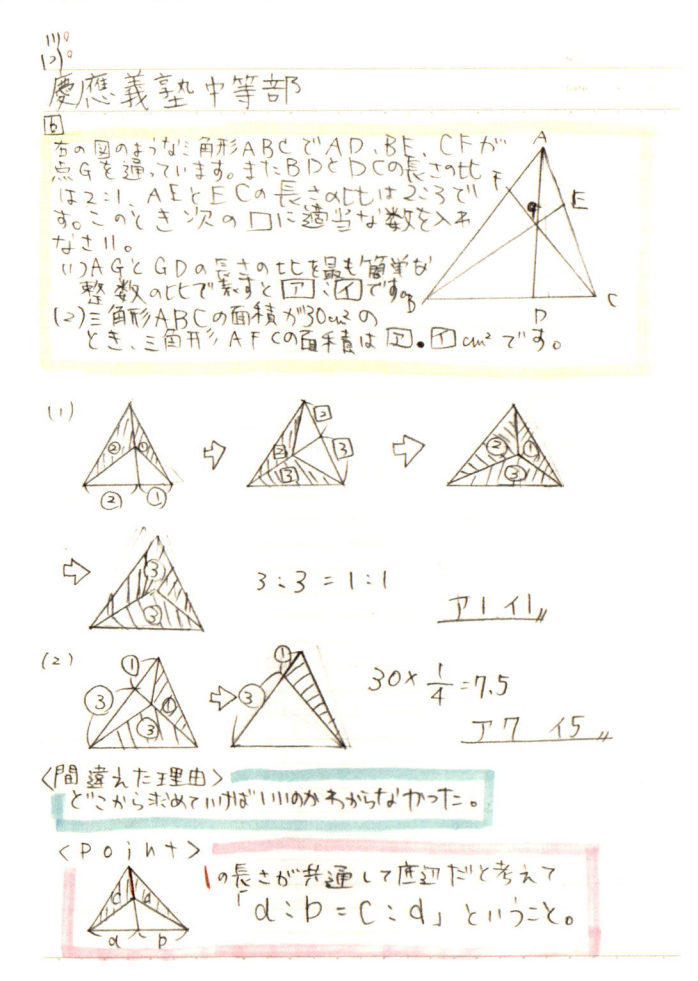

慶應義塾中等部

⑥ 右の図のような三角形ABCでAD、BE、CFが点Gを通っています。またBDとDCの長さの比は2：1、AEとECの長さの比は2：3です。このとき次の□に適当な数を入れなさい。

(1) AGとGDの長さの比を最も簡単な整数の比で表すと □ア：□イ です。

(2) 三角形ABCの面積が30cm²のとき、三角形AFCの面積は □ウ・□エ cm²です。

---

(1) [三角形の図] ⇒ [三角形の図] ⇒ [三角形の図]

⇒ [三角形の図]　3：3 = 1：1　　ア 1　イ 1

(2) [三角形の図] ⇒ [三角形の図]　$30 × \frac{1}{4} = 7.5$

　　ウ 7　エ 5

〈間違えた理由〉
どこから求めていけばいいのかわからなかった。

〈Point〉
[三角形の図] lの長さが共通して底辺だと考えて
「a：b = c：d」ということ。

小学校6年生・女の子のノート

PART3 思考力を育てる算数・数学のノート

復習ノート

算数・数学の[復習ノート]の例③

ポイントは「問題をよく読む」「次はがんばる」といった努力目標ではなく、「図を階段状に書いて考える」など具体的に書き残すこと

巣鴨 18.I　　　　　　　　　　18.I

1 表面にAからGまでのアルファベットが1つずつ書かれた7枚のカードがあります。裏面には数が1つずつ書かれています。ここで、AとB、BとC、CとD、DとE、EとF、FとG、GとAのように2枚ずつ、裏面の数の和を求めました。するとそれらは順に、14.1, 14, 11.7, 15, 14.5, 11.5, 9.8 でした。

(2) Gの裏面の数を求めなさい。
(3) AからGまでの裏面の数のなかで一番大きい数を求めなさい。

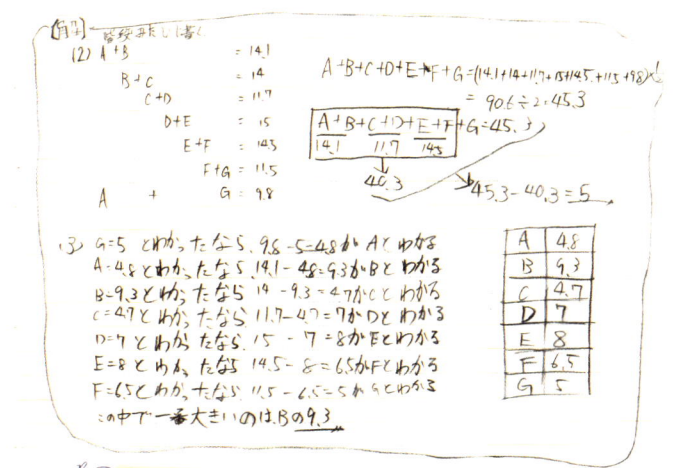

[解] 階段みたいに書く

(2) A+B = 14.1
    B+C = 14
    C+D = 11.7
    D+E = 15
    E+F = 14.5
    F+G = 11.5
    A   + G = 9.8

A+B+C+D+E+F+G = (14.1+14+11.7+15+14.5+11.5+9.8)÷2
              = 90.6÷2 = 45.3

A+B+C+D+E+F+G = 45.3
14.1 11.7 14.5
  40.3
45.3 − 40.3 = 5

(3) G=5 とわかったなら、9.8−5=4.8 から A とわかる
A=4.8 とわかったなら、14.1−4.8=9.3 から B とわかる
B=9.3 とわかったなら、14−9.3=4.7 から C とわかる
C=4.7 とわかったなら、11.7−4.7=7 から D とわかる
D=7 とわかったなら、15−7=8 から E とわかる
E=8 とわかったなら、14.5−8=6.5 から F とわかる
F=6.5 とわかったなら、11.5−6.5=5 から G とわかる
この中で一番大きいのは B の 9.3

A	4.8
B	9.3
C	4.7
D	7
E	8
F	6.5
G	5

処理 階段みたいに書かなかった。

本 比べやすいように表なども見やすくする。

小学校6年生・男の子のノート

算数・数学ノートのまとめ

ノートの種類	特徴	対象学年
授業ノート	・授業を聞いて理解することに専念する ・図形を大きく書く ・ポイントは枠で囲んでコラム化する	全学年
演習ノート	・スピード重視（もちろん正確さも） ・消しゴムは使わない ・筆算を必ず残しておくこと	全学年
知識ノート	・発想法、考え方を書き残す ・見直すノートなので、丁寧に書く	小学校5〜6年生 中学校3年生
復習ノート	・間違えた理由、ポイントを具体的に書く ・ポイントは先生にチェックしてもらう	小学校6年生 中学校3年生

PART4
集中力と語彙力を磨く国語のノート

国語のポイント　集中力と言葉への意識

国語という教科において重要なことの一つに、「筆者の言いたいことを正しく読み取る」ということがあります。この文章で言いたいことは何か、どういうことを伝えたいのかを正しく読み取ることが要求されます。

国語ではどういう力をつければいいのか、ということに目がいきがちですが、**まずは正しく文章を読むことに意識を注ぐべき**です。

国語に限らず、文章の読み間違いによる失点をしている子どもが多くいます。長さを問わず、まずは「正しく読む」ということをできるようにしなければなりません。正しく読むためには、高い集中力を必要とします。そしてこれは、低学年のころから鍛えられることです。

ここで、読むときの集中力を高める音読ゲームを紹介します。名前を「音読打率ゲーム」といいます。ルールは簡単で、ある程度行数のある文章を読ませて、間違えたところ、つっかえたところの数を数え、(間違えた数＋つっかえた数)÷行数で計算します。

そうやって、ゲームのようにすると、集中して読むことを覚えます。そのあたりは、髙濱著『国語の力を親が伸ばす』(KANZEN)に詳しく紹介していますので、お読みいただければと思います。

次に大切なことは、言葉への意識を高く持つことです。

PART4 集中力と語彙力を磨く国語のノート

 どんなに文章の読み取り方や問題の解き方が分かっても、言葉が分からないために、的外れな答えを書いている子がいます。ある言葉が「どういう意味なのか」ということなどが分からなければ、正しく読み取ることができません。言葉への意識と国語の点数を表す一つのエピソードがあります。

 これはある時期に、いくつかのクラスで子どもたちに質問したものから導き出した答えと、子どもたちの国語の成績が比例していたのです。ここから「国語のできる子の家庭では、親がよく辞書を引く」という一つのことがいえると思います。

 家で辞書を親が「よく引く」「たまに引く」「ほとんど引かない」「辞書がない」という質問の答えと、子どもたちの国語の成績が比例していたのです。ここから「国語のできる子の家庭では、親がよく辞書を引く」という一つのことがいえると思います。

 もちろん、親が辞書を引かない家庭でも国語のできる子はいましたが、割合はかなり低いものでした。家庭で辞書を引く習慣がある＝言葉への意識が高い家庭ということでしょう。そういった環境が、国語の力を育てているといえます。

 普段の何気ない会話での言い間違いを指摘し合うこと、相手に伝わるように話すことを心がけること。そういった会話への意識が、国語の力を伸ばす訓練にもなります。授業でしか伸ばせないという力もありますが、家庭での取り組み方を変えると国語が伸びることがたくさんあります。

 普段使っている言葉への意識を高く持つことが、国語の力を伸ばす重要なポイントです。

授業ノート　文章を正しく映像化する

"咀嚼"が目的のノートですが、注意点としては、あとで内容をみたときに、意味が分かるように書くということです。

授業ノートで大切なことは、算数などと同じく、授業の内容を理解することに集中し、ポイントをしっかりとつかむということです。これは、国語では何より重要なことです。ノートに書くこと自体は、板書されたものが中心ですが、必要に応じてコメントを書きとめます。これは指導論になってしまうかもしれませんが、文章を読むという意味でとても大切な映像化に関してのノートの一例を紹介します。

まず、映像化ということに関してですが、これは問題を解くうえで大変重要になってくるものです。物語文において、映像化は重要な要素の一つです。文章に書かれたことを絵に書いてみることで、正しく読めているかどうかを見ることができます。

その際に重要なことは、「過不足なく書いている」ということと、「意味を正しく読み取っている」ということです。詩や俳句などでは、映像化ということが特に重要になってきます。

次の絵は、与謝蕪村の俳句「五月雨や大河を前に家二軒」という句を映像化しなさいという問題に対して、実際に子どもが書いたものの一例です。まずAの絵ですが、これは二軒の家が大河に飲み込まれている状態。「大河を前に」の部分を含め、正しく読み取れているとはいえません。

PART4 集中力と語彙力を磨く国語のノート

授業ノート

精読力がないと正しく描けない

「五月雨や大河を前に家二軒」

A ✕

家が河に飲み込まれているのでバツ

B ✕

二軒の家は小さく書くべき

「動くとも見えで畑打つ男かな」

C ○

作者の視点もよく描けている

また、Bの絵ですが、「五月雨」の部分、「大河を前に家二軒」という部分に関しても過不足なく書いてあります。ただし、これは「意味の読み取り」という点においては残念ながら不正解となります。この句では、五月雨によって増水した勢いのある大河と、それを前に寄り添うように立っている二軒の家を対比させています。ですから、家は小さく書くべきところです。この絵では、家が大きく描かれていますので、意味から考えると不正解となります。

今度はCの絵ですが、こちらは向井去来の「動くとも見えで畑打つ男かな」という句を映像化したものです。この句でポイントとなるのが、動いていないように見えるけれど、よく見ると畑を耕しているのが分かるということです。どういう状況なのかを理解しているかということです。大人であれば少しその情景を思い浮かべれば、なぜかということは分かると思います。仕事をしている人は遠くにいるので、とても小さく見える。そのために、動いているように見えないということをいっているのです。Cの絵を描いた子は、この句の情景や意味が正しく読み取れたということになります。

こういった映像化が、どのような文章でも効果的ということではありません。しかし、問題によっては、大変効果的な指導法といえます。常に映像化を意識して文章を読むということは、子どもたちには伝えたいことです。

76

PART4 集中力と語彙力を磨く国語のノート

漢字練習ノート　練習のみで終わらせない

漢字といえば反復練習。いつでも書ける状態にするために、しっかりと"消化"しきることが目的です。

漢字の練習は、目的によって練習方法が違います。漢字はただの記号ではなく、意味を持っているので、**意味と一緒に漢字の形や書き順、部首、熟語を覚える**ことが望ましいと考えています。学校などで新しく習ったものは、そういったことを一つずつ調べたうえで、トメ、ハネ、ハライといったところも意識しながら丁寧に書く訓練が必要です。書き取りの練習のときには、新出の漢字一文字を何度か練習すること以外に、熟語や送り仮名のついた形で書くことも必要です。読みに関しても、訓読みと音読みの両方を一緒に、またいろいろな読み方がある場合は、それも一緒に覚えてしまうほうがより記憶に残りやすいでしょう。

しかし、受験に向けての学習の場合、そのやり方のままでは時間が足りないことがあります。本質的な学習ということはできるようにしておくべきですが、受験勉強の場合は決められた時間の中で、最大限のパフォーマンスをできるかということを意識しての学習が必要。一週間後に20問テストをするとなったら、20点満点を取れる勉強をすることが重要です。

では具体的なやり方を一つ紹介します。20個の熟語からテストが出るといった場合、多くの子がその20個の熟語の書き取りを何回ずつか行います。その回数は、人によって違うでしょう。

そしてテストに臨むのですが、実はここが問題です。今のやり方では、練習のみが行われています。テストで覚えていたのか確認をするまで、本当に自分が覚えているか分からない状態なのです。これでは、テストで満点を取れると自信を持って言い切れません。

では具体的にはというと、20個の熟語が宿題ならば、5個ずつにわけて練習します。その5個の書き取りを終えたら、5問テストを行います。そこで確実に書き取りができたら、次の5個へ。そうやって同じように繰り返して、10個終えたところで、10問テストを行います。そこで間違えた場合は、もちろん間違えたものを練習します。

同様に次の5個でまた5問テスト。そして最後の20個目までいった後に、20問テストを行います。そこで完璧であれば、漢字テストを、自信を持って受けられるでしょう。

練習するときには、単に熟語を書くだけでなく、その例文を一つ必ず書くようにします。漢字テストではたいてい短文の中に書き取り部分があるという形で出題されます。どういう文章にその言葉を使うかという意識も、しっかりと持って練習します。

PART4 集中力と語彙力を磨く国語のノート

漢字練習ノート

トメ、ハネなど"正しい漢字"を書く

漢字練習といえば、汚い文字でただひたすら数をこなしがち。
しかし見本を見ながら〝正しいかたち〟を集中して覚えることが重要だ

正しい漢字を書く
漢字は〝正しいかたち〟を覚えることが大切。まず見本を見ながら、正確に漢字を書く

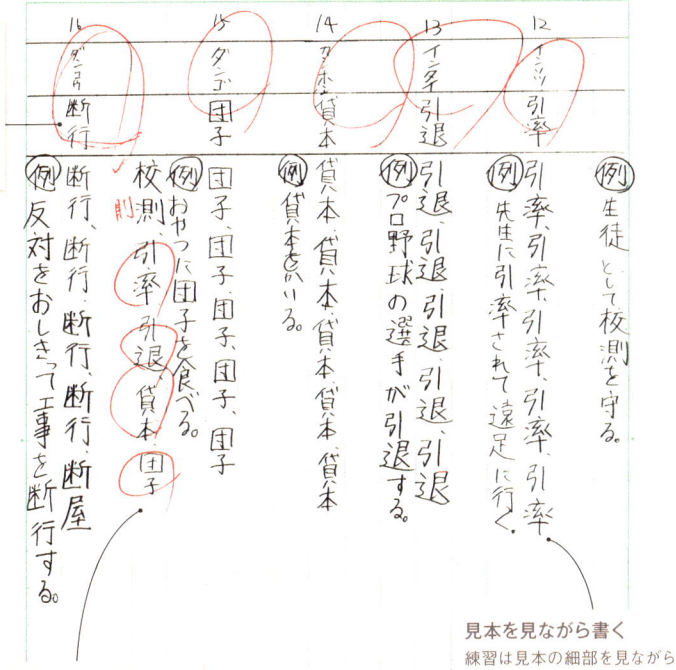

12 イシ 引率
（例）生徒として校則を守る。

13 インタイ 引退
（例）引率、引率、引率、引率、引率
先生に引率されて遠足に行く。

14 カシホン 貸本
（例）引退、引退、引退、引退、引退
プロ野球の選手が引退する。

15 ダンゴ 団子
（例）貸本、貸本、貸本、貸本、貸本
貸本をかりる。

16 ダンコウ 断行
（例）団子、団子、団子、団子、団子
おやつに団子を食べる。

（例）校測 引率 み退 貸本 団子

（例）断行、断行、断行、断行、断屋
反対をおしきって工事を断行する。

見本を見ながら書く
練習は見本の細部を見ながら書く。声を出しながら手を動かすと記憶に残りやすい

こまかく小テスト
5個練習が終わるごとに、見本と練習部分を隠してテスト。そのつど○×チェックをつける

小学校5年生・女の子のノート

言葉ノート その場ですぐに調べられるか

語彙を自分のものにする＝言葉を〝吸収〟するために作るノートです。

文章を読むことに関して、語彙力が重要だということはお話ししました。では、子どもたちが語彙を獲得するにはどうしたらよいのかというと、地道ですがお話を調べることが最も効果的だと考えています。人から聞いた言葉でなく、自分で調べたもののほうが頭に残りやすいという点からも、辞書で調べることは習慣づけたいことです。

しかし、ただ調べただけでは、なかなか頭に残りません。そこで作るのが、言葉ノートです。

このノートは意味だけでなく、用例や用法も書きます。基本的なスタイルとして、1漢字2読み3意味4用例の4つで構成されます。上の段には調べたい言葉、下の段には意味などを書きます。

たとえば〝回想〟の意味が分からなかったとします。この場合、漢字で上の段に「回想」と書きます。下の段には、読み、意味、用例、用法を書きます。ただ調べるだけでなく、例文を書くことで新たな語彙を獲得します。また、〝慎重〟の漢字が書けなかった場合は、上の段に〝しんちょう〟と書き、下の段には漢字、意味、用例を書きます。

実際に下の段にどのような言葉を調べるのかというと、基本的には国語の問題文を読んだ中で、初めて出会った言葉です。これは、一つの基準と考えてください。もちろん、初めての言葉でなければいけないということではありませんから、気になった言葉はどんどん調べてかまいません。

PART 4 集中力と語彙力を磨く国語のノート

言葉ノート

分からない言葉をその場で書き残す

未知の言葉は放ったらかしにせず、すぐに調べることが大事。
漢字、読み、意味、用例を一組で覚えれば、確実に語彙が増える

通し番号をふる
語彙量が一目で分かるように通し番号をつける。日付と○×チェックも忘れずに

上段に分からない言葉を書く
漢字や読みなど、分からなかった言葉を書く。ちなみに579番の「無頓着」の読みは「むとんちゃく」「むとんじゃく」いずれも可

581 慎み
（つつしみ）
①ひかえめであること。②物忌みをすること。

580 いっする
（逸する）
①それる。はずれる。②うしなう。③わすれる。⑩要点を□。

579 むとんじゃく（無頓着）
⟨例⟩□な人。
物語をあまり気にかけないこと。

4つ一組で覚える
必ず〝漢字・読み・意味・用例〟の4つを書くこと。一組にして覚えないと意味がない

小学校6年生・女の子のノート

大切なのは、「すぐに調べる」こと。この「すぐに調べる」というのが、できそうでできません。「この言葉はどんな意味だろう？」という疑問がわいたら、その気持ちがなるべく新鮮なうちに調べましょう。時間が経ってしまうと、知りたいという気持ちが薄れてしまいます。最悪の場合、「面倒くさいからまあいいか」となってしまいます。知への欲が高まったときに、すぐにそれを消化することができれば、体がその気持ち良さを覚えていきます。すると、「分からない言葉を調べないで、そのままにしておくのは気持ち悪い」と思うようになります。

どうしても調べる時間が取れないときなどは、付箋などで調べる言葉がどこにあるのか、一目で分かるようにしておきます。何の印も残さず、あとでやろうとすれば、どんな言葉を調べようと思ったのかも忘れてしまいます。空いた時間を使ってすぐに調べるようにしましょう。

このノートでもう一つ大切なことは、**調べて終わらず使ってこそ意味がある**ということです。意味調べをたくさんするけれど、語彙が増えないという子の場合、書きためたところで満足してしまっています。上の段の言葉の部分だけが見えるようにして、下の隠した部分にあることを書いたり、言ったりして覚えているかを確認してこそ、意味があるのです。解いたあとには、○×のチェックをつけましょう。

語彙の獲得が、最後の最後で読みの精度を上げる決め手となります。子どもには、辞書で調べる癖をつけさせたいものです。

82

読書・要約ノート　文章の要旨をつかむ訓練

これは、"消化"と"肉化"が合わさったようなノートです。いくつもの文章で行うという意味では演習のような側面もあり、また本質をつかんでためていくという意味では、まとめの要素が強いと考えています。

要旨をつかむ訓練として行うのが、この【読書・要約ノート】です。低学年時代は、【読書ノート】という形で、読んだ本の話を一言でまとめてみたり、感想を書いたりします。

低学年でこのノートを作る場合、感想などは一行でもかまいません。自分が本を読んでどんな風に感じたかということを書きためていくというものです。読みっぱなしにするのではなく、心にわいた疑問や感動などを素直に書いていくものです。

桃太郎の話なら「桃太郎が、犬・猿・雉を連れて鬼が島へ鬼退治に行き、見事に退治して平和な暮らしをとりもどした話」というように、何がどうしてどうなった、というように話をまとめます。もう少し分かりやすく言うと、「○○が、△△した話」となります。

高学年になってからは、「テーマ性」も意識してまとめを行います。たとえば、芥川龍之介の『トロッコ』であれば、「良平が夕暮れの中、泣きながら村まで一人で走って帰ってきた話」とするのではなく、「良平が、夕暮れの村までの道を一人で走って帰ってくるという経験をする中で、初めて『本当の恐怖』に直面する話」というようにまとめることを目標に行います。

高学年以降で重視することは、その文章の中から学び取れることは何かということです。自分の人生の中では経験していないようなことが、物語文には数多く書かれています。親子関係や恋、または自身の成長についてなどが主に扱われているテーマです。それはその文章から、人生の真理などを知ってほしいという願い、または伝えたいという思いからでしょう。ですから、そこが読み取れるか読み取れないかで、読みの深さが変わります。

　子どもが自分だけでこのノートを作っている間は、まとめが「出来事」のほうにばかりいってしまいます。ですが、「テーマ性」をとらえることを意識した場合、必ず大人の目が必要になります。「人の死」や「人間の二面性」「親というもの」など、子どもが自分でつかむことが難しいものがいくつもあります。そういったことは、教えてあげなければ分かりません。子どもがまだ経験していないこともあるので、大人のチェックが絶対に必要なのです。

　結局、**その文章の中で、著者が最も伝えたいことは何なのかということをつかめるかが勝負**です。要点をつかむ作業は、苦手な子どもにとってはとても最初は大きな負荷になりますが、それを乗り越えてこそ「文章が読める」という状態になります。

　初めはまったくつかめなかったような子も、この先生とのやり取りをしていけば伸びていきます。このノートに対して、どこまで真剣にやれるかが国語の読みのレベルを大きく左右します。

PART4 集中力と語彙力を磨く国語のノート

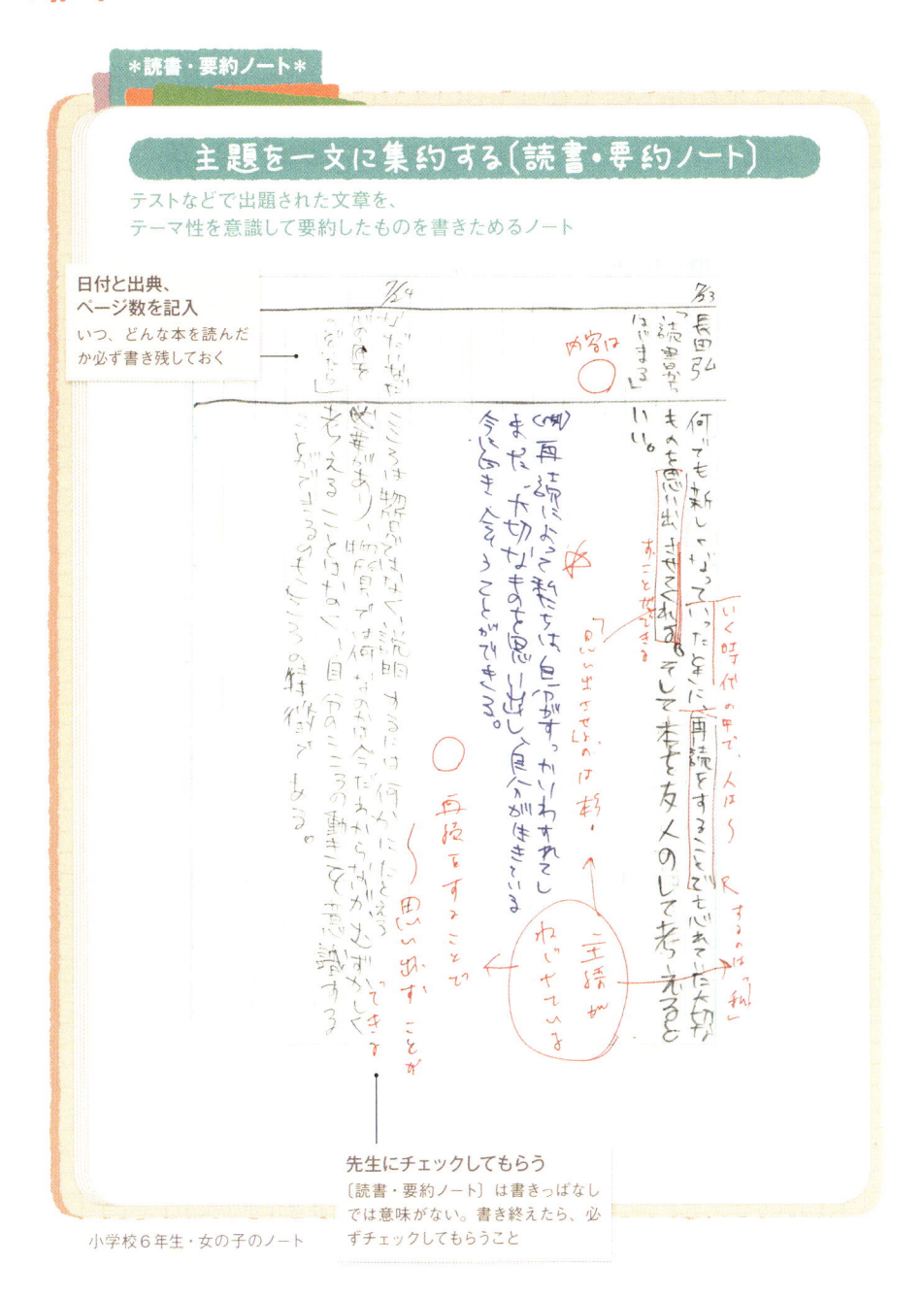

＊読書・要約ノート＊

主題を一文に集約する（読書・要約ノート）

テストなどで出題された文章を、
テーマ性を意識して要約したものを書きためるノート

日付と出典、ページ数を記入
いつ、どんな本を読んだか必ず書き残しておく

先生にチェックしてもらう
〔読書・要約ノート〕は書きっぱなしでは意味がない。書き終えたら、必ずチェックしてもらうこと

小学校6年生・女の子のノート

青コメ 本気の取り組みが国語を伸ばす

これはノートではないのですが、国語という教科で点数を伸ばすために大変有効な本質的な復習法を紹介します。

テストの直しで、何度も同じ問題を解いたり、ただ正解を書くだけという子がいますが、それでは力はつきません。なぜかといえば、その解答になるという根拠をつかんでいないからです。丁寧に解説が書いてあるものを読んで、分かったつもりになってしまう子がたくさんいます。本当に分かっているならば、自分で文章にして書きなおすことができるはずですが、やらせてみるとできないものです。

国語の復習は、本気で文章と向き合い、本質をしっかりとつかむことが求められます。制限時間のあるテストでは、つかみきれなかった本質や、勘違いしてしまったことを、確認・修正することが本当の復習です。

そこでテストの解答用紙に、青ペンで「本当はこう考えるべきだったのに、こういう風に読んで間違えてしまった」というようにコメントを書いていきます。この作業をいかに真剣に取り組むことができるかということが、国語が伸びるか伸びないかということを決定づける要因となるでしょう。

そして、この作業は子どもが自分一人で取り組めばよいものではなく、国語の先生の力を絶対

PART4 集中力と語彙力を磨く国語のノート

に必要とします。算数の復習ノートと同じように、書いたコメントが的を射ているものかを判定してもらったり、違っている、または足りない場合には、どう読めばよかったかを教えてもらわなければなりません。

こういった子どもと文章の対話、そして、子どもと先生との本気の対話が子どもの国語力を最後の最後で伸ばすカギとなるのです。

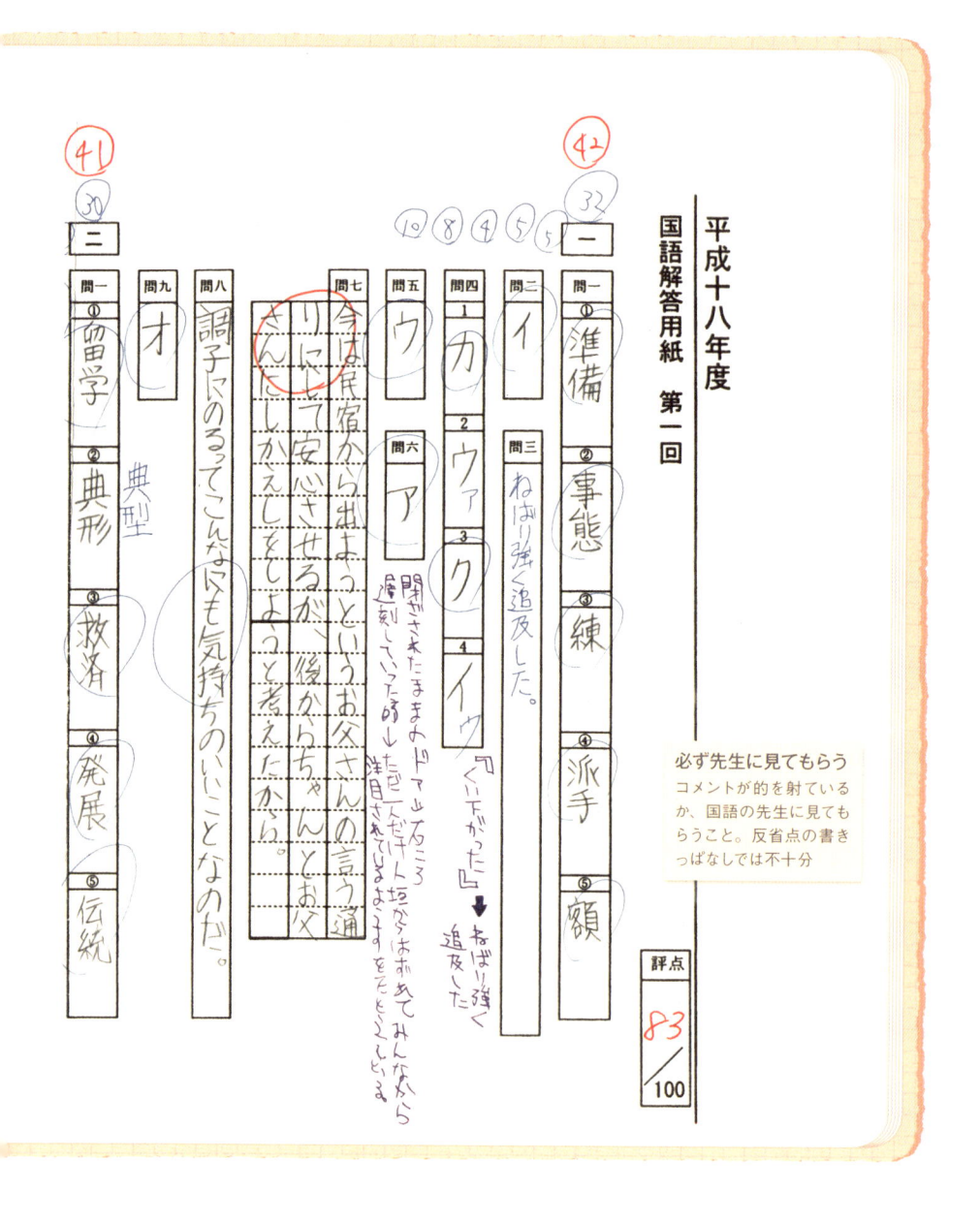

平成十八年度 国語解答用紙 第一回

一 ㊷ 32

問一
① 準備
② 事態
③ 練
④ 派手
⑤ 額

問二 イ

問三 ねばり強く追及した。

問四 1 カ 2 ウ 3 ク 4 イ

問五 ウ

問六 ア

「くい下がった」
↓
ねばり強く追及した

聞き手がまだドラマを見ているころ、遅刻していた時しただけ人垣をはずしてみんなから注目されています。そこをとおっている

二 ㊶ 30

問七 今まで民宿から出ようというお父さんの言う通りにして安心させようが、後からちゃんとお父さんにしかえしをしよっと考えたから。

問八 調子にのってこんなにも気持ちのいいことなのだ。

問九 オ

問一
① 留学
② 典型
③ 救済
④ 発展
⑤ 伝統

必ず先生に見てもらう
コメントが的を射ているか、国語の先生に見てもらうこと。反省点の書きっぱなしでは不十分

評点 83/100

PART 4 集中力と語彙力を磨く国語のノート

＊青コメ＊

「こう考えるべきだった」を残す〔青コメ〕

国語は、同じ問題を何度も解いても意味がない。テストの当日中に、間違えた理由や反省点を答案用紙に書き、復習をすることが大事

青ペンで反省点を書く
「こういう解答にすればよかった」「ここで意味を取り違えた」など、反省点を書き込んでいく

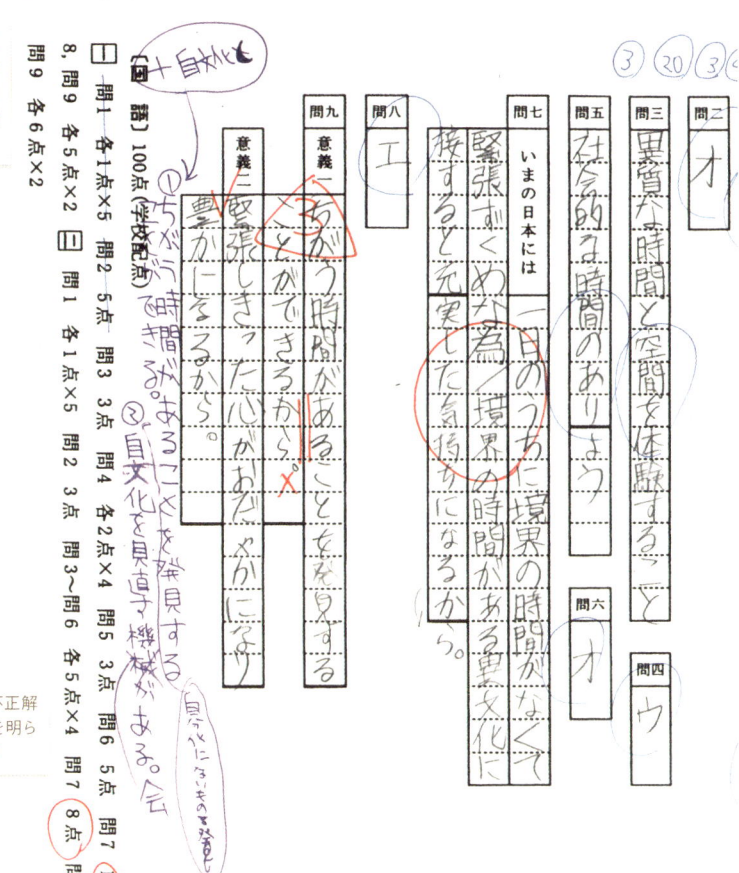

不正解の根拠を明らかに
なぜこの解答では不正解なのか、その根拠を明らかにすることが大事

小学校6年生・女の子の青コメ

国語ノートのまとめ

ノートの種類	特徴	対象学年
授業ノート	・【論説】文章をグループ分けする ・【物語】内容をイラスト化する ・ノートには重要なことだけ残す	全学年
漢字練習ノート	・漢字のトメ、ハネ、ハライを正確に書く ・練習部分は書き散らさないこと	全学年
言葉ノート	・未知の言葉に出会ったら、その場で書き記す ・漢字、読み、意味、用例を一組にして覚える	小学校4年生から
読書・要約ノート	・高学年ではテーマ性を持って要約をする ・書いたものは先生にチェックしてもらう	小学校6年生から

PART5 暗記と理解を両立させる社会のノート

社会のポイント　単なる暗記科目ではない

社会科は"暗記科目"とよくいわれます。中学生の定期テストで、一夜漬けの勉強でテストを乗り切ったという経験をした人がたくさんいると思います。

しかし、一夜漬けの暗記は短期記憶でしかないため、テストが終わったそばから抜けていく、ということも同時に経験しているはずです。定期テスト程度であれば、一夜漬けの短期記憶でも対応できるかもしれませんが、これが入試などになると太刀打ちできません。

入試では必要な知識の量が、定期テストなどとは比べ物になりません。ですから、短期記憶を長期記憶へと変えていかなければなりません。さらに、単純な一問一答のような問題ではなく、しっかりと歴史的な時代背景や、人物同士の関係、地形と気候の因果関係などを知らないと正解できない問題が数多く出題されます。年号を知っているとか、人物の名前を知っているだけではまったく対応できません。

そこで、重要になってくるのが知識の有機化です。何かと関連させて覚えるということです。

一問一答では、Aという知識とBという知識が一つの道でつながっている状態です。その道が分断されてしまうと、AとBをつなぐものが何もなくなってしまいます。しかし、Aの知識に関連することがらを、BCDと多く覚えておき、さらにAとBCDをつなぐだけでなく、BとCD、CとDなど、ほかの知識も関連するように覚えることで、たとえばAとBをつなぐ道が分断され

92

PART5 暗記と理解を両立させる社会のノート

たとしても、B→C→Aといった道を通ってAにたどりつくことができます。

たくさんのことを覚えるのは面倒くさいといって最低限の量だけ覚えようとする子がいますが、それはあまり得策ではありません。むしろ、一つのことがらに関連することをいくつも覚えてしまうほうが理にかなっています。

もちろん、年号など覚えにくいものは語呂合わせにして覚えてもいいですし、いくつかの国の名前を覚えるときなどは、頭文字をアナグラムのような形で別の覚えやすい言葉にしてしまうのも一つの方法です。

社会科では、単なる知識をいかに有機的につなげることができるかが勝負です。最終的な目標は、覚えた知識を集めて一つのお話を語れるようになるということ。これができれば、有機的につながったといえるでしょう。

そうすれば、入試などで難しい問題が出てきたとしても、しっかりと答えられるはずです。

ここでは、知識を有機的につなげるためのいくつかのノートをお伝えしますが、社会科を勉強する本当の目的は、地理・歴史から学んだことを、現在抱えている問題にあてはめたり、応用させたりするためだと思っています。まさに「歴史に学ぶ」ということです。

社会科の授業をする際には、そういった視点、問題意識を子どもたちに伝えることを忘れてはいけないと思います。

授業ノート　わいてきた疑問をメモしていく

社会の授業ノートはいろいろな形式がありますが、知識を多く頭に残すことが目的の一つでもあるので、ノート自体が問題形式になっているようなものを採用しています。

授業ノートは"咀嚼"が目的ですが、そのために意識しておきたいことがあります。授業を受けた中で、「これはどういうことだろう？」とか「この部分はどうしてこうなったのだろう？」と疑問に思ったことを書き残しておくことです。

授業では、深く掘り下げるということが時間の関係から難しいこともあるでしょう。すると、「なぜそうなったのか」という理由の部分がさらりと流れてしまうことがあります。なるべくそういうことをメモしていくことができるようになるのが目標です。

教科書をなぞっただけだと、どうしても表面的な知識になりがちで、有機的につながっていないことがよく起こります。ただ、それでもしっかりと覚えておけば、確認テストなどではある程度点数が取れてしまいます。

それだけに、怖い部分でもあると思っています。授業ノートを作るうえで、なるべく内容に関して疑問を持ったことを残すようにさせるべきでしょう。

PART 5 暗記と理解を両立させる社会のノート

授業ノート

授業ノートを問題形式で作る

社会の授業では、板書と同じくらい先生が言った「マメ知識」が重要。
たくさんメモを右のページに書く

日付と単元名を入れる
どの単元かが分かるようにタイトルを書く。日付も忘れずに

No. 7/29
Date

第3回 日本の水産業

〈水産業〉

例 1984年にし漁獲量が1284万tで世界一位→現在は570万t

・いわしやさばのような中型の大衆魚は(①)漁法でとる。

・まぐろは(②)漁法で かつおは(③)でとる。

・すけとうだらは(④)漁法でとる。

・おもな港・漁場

・焼津港→(⑤)漁業の基地
　　　　　(まぐろ・かつお)

・銚子港→(⑥)漁業
　　　　　(さば・いわし・さんま)

・石巻・八戸港→暖流と寒流がぶつかる(⑦)には魚のえさになる(⑧)が多い

・釧路港→すけとうだら・さけ・ます
　1980年ごろは日本一の漁獲量。
　(13年連続)

---

① さしあみ

② はえなわ

③ 一本づり

④ トロール

⑤ 静岡

⑥ 千葉

⑦ 潮目

⑧ プランクトン

左側に板書を書く
板書を穴埋め形式にして書くのもよい。答えは、右側か下にまとめる

右側にマメ知識を
右のページに先生が言ったマメ知識を書く。重要なものは赤ペンで

小学5年生・女の子のノート

⬇
〈③　　〉の挙兵（鎌倉）
⬇

京都を制圧 → 〈①　　〉天皇における
　　　　　　　　　　↓奈良（吉野）
北朝：〈⑦　　〉天皇 ← → 南朝：〈①　　〉天皇 ← 南北朝時代

1338年 ③が征夷大将軍に。

　　　　　　　　　　　　　　　　　← 鎌倉府
第3代将軍〈⑧　　〉の政治　　　　　（上杉氏
　・1378年：花の御所（室町殿）に幕府　　定利氏
　　　うつす

　　⑨___と四識、各地に⑩___　　　明：中国

　1392年：南北朝の合一
　1397年：鹿苑寺⑪___の建立 ——→ 北山文化
　1404年：日明貿易（⑫　貿易）の開始　　能楽
　　→⑬___（海ぞく）との区別のために⑬___を使う。　世阿弥

⑬倭寇　　⑰1467
⑭正長の土一揆　⑱下剋上
⑮足利義政　　　　げこく
⑯応仁の乱

PART5 暗記と理解を両立させる社会のノート

＊授業ノート＊

マメ知識を書き込むことが大事

社会のノートは、書くことが多いため緻密になりがち。
文字は大きく、ポイントは見やすく書くことが大事だ

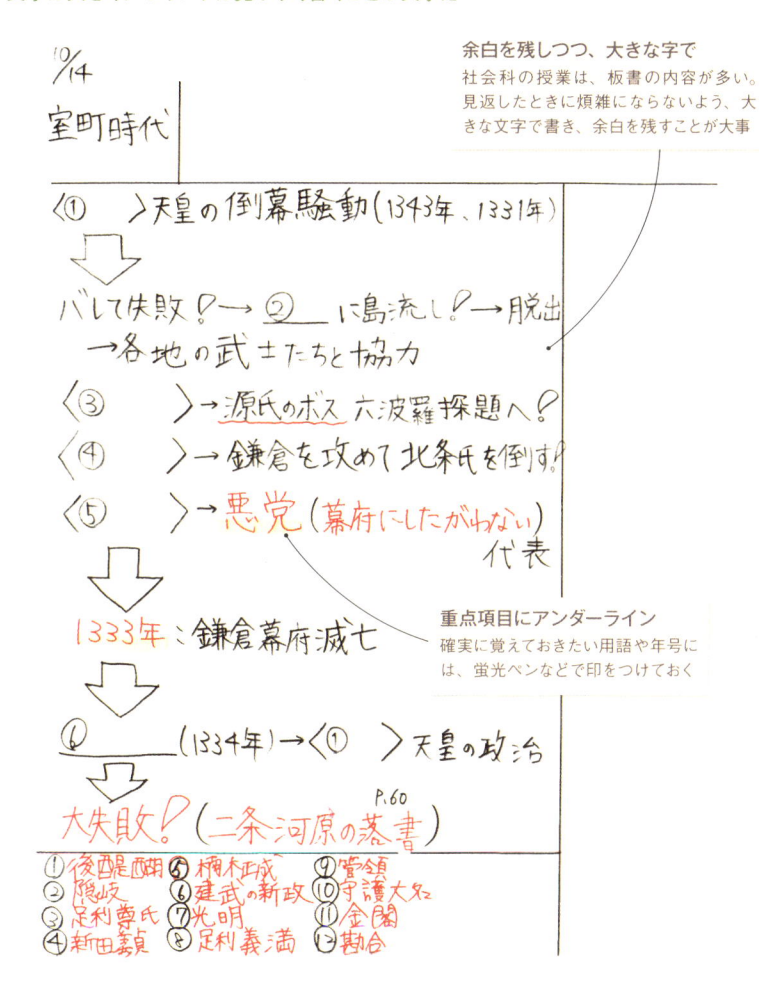

10/14

室町時代

〈①　〉天皇の倒幕騒動（1343年、1331年）
　↓
バレて失敗！→〈②　〉に島流し！→脱出
→各地の武士たちと協力
〈③　〉→源氏のボス 六波羅探題へ！
〈④　〉→鎌倉を攻めて北条氏を倒す！
〈⑤　〉→悪党（幕府にしたがわない）
　　　　　　　　　　　　　代表
　↓
1333年：鎌倉幕府滅亡
　↓
〈⑥　　〉(1334年)→〈⑦　〉天皇の政治
　↓
大失敗！（二条河原の落書）　P.60

① 後醍醐　⑤ 楠木正成　⑨ 管領
② 隠岐　　⑥ 建武の新政　⑩ 守護大名
③ 足利尊氏　⑦ 光明　⑪ 金閣
④ 新田義貞　⑧ 足利義満　⑫ 勘合

余白を残しつつ、大きな字で
社会科の授業は、板書の内容が多い。見返したときに煩雑にならないよう、大きな文字で書き、余白を残すことが大事

重点項目にアンダーライン
確実に覚えておきたい用語や年号には、蛍光ペンなどで印をつけておく

小学校5年生・女の子のノート

演習ノート **短時間での繰り返しがカギ**

"吸収"が目的のこのノートは、社会の基礎知識を固めるうえでは絶対に欠かせないものです。社会のテストで点を取るために最も必要なことは、うろ覚えの知識をより完璧な知識へと昇華させることです。たとえば自転車に乗るとき、ハンドルに手を置いて、ブレーキをかけた状態でペダルに足を乗っけて……というように、一つ一つの動作を丁寧に確認しながら自転車に乗る人はいません。自転車に乗るとき、ハンドルを持ったりペダルに足をかけるのは当たり前の行動です。

同様に入試でも知識問題ならば、問題を読んで答えがすぐに浮かぶというレベルにしておくことが求められます。子どもたちの社会の状態は、自転車の例でいえば考えながら自転車に乗っている状態です。だからこそ、自由自在にいつでも使えるようになるために反復が必要なのです。

「社会はどうやって覚えるといいの?」と子どもに聞かれて、「書いて覚えればいいんだよ」という人がいます。確かに書いて覚えるというのは理にかなっているのですが、社会が苦手な子にとっては、気持ちが前向きにならないうえに、時間がかかりすぎるというところが難点です。時間がかかれば、当然のことながら反復する回数が減ります。反復が少なければ、定着するものも少ない。そうなれば、点数が取れないのでやる気がなくなり、負のスパイラルに陥ります。

反復練習で意識することは、「短い時間で何回も」ということです。やり方としては、1回目はノートに解き、2回目からは声に出して言っていきます。書く時間

PART 5 暗記と理解を両立させる社会のノート

演習ノート

横書きノートを2分割する

社会の演習では、用語を忘れないように繰り返し問題を解くことが大事。
1回目はノートに書き、2回目から口頭で解くのもよい

縦線を引いてマス目を作る
ノートを2～3に区切り、1行ごとに答えを1つ書く。ページ数・問題番号も忘れずに

必ず赤字で修正
間違えた・分からなかった問題を放っておかず、正解を赤ペンで書く。漢字で書けなかったものは、漢字練習をする

別冊解答集として使う
1回目はノートに書いて解き、2回目からは口頭で解いていく。これでかなりの時間を短縮できる

小学校6年生・男の子のノート

Q&Aノート　マメ知識が記憶を強化する

の5分の1程度の時間で進められるので、確認をするということを考えるならばそれで十分です。ただし、漢字で書けないものに関しては、漢字練習をします。そうすることで、効率的に学習を進められます。

また、意識することとしては、**キーワードになる言葉を押さえる**ことです。問題を解くにあたって、答えを特定するキーワードが必ず含まれます。ですから、キーワードに蛍光ペンなどでチェックを入れておきます。何回も正解を言えるようになってきたら、今度は答えを見てキーワードを言えるかということを行います。そうやって、短い時間で繰り返し行うことがポイントになります。

もちろん、ここでは言葉を一度頭に入れるだけの状態ですから、意味が分からないものや、流れが分からない場合は、教科書などを見直して確認します。

演習ノートは、言葉を忘れないようにするために、繰り返し反復するというもの。知識を有機的につなげるためにも、まずは言葉を押さえておくという目的で行うものです。

目的の三つ目にあたる〝吸収〟をし、筋肉へと変えるために作るのがこのノートです。知識の定着がおぼつかないものをただひたすら演習ノートの形でやっても、定着するかという

PART5 暗記と理解を両立させる社会のノート

とあまり変わりません。そういうものを集めて、自分だけのオリジナル問題集を作ろうというのがこの〔Q&Aノート〕です。

基本的な作り方としては、ノートを縦線で半分に割り、左側にQ（question）、右側にA（answer）の定着を図ることが一番の目的なので、シンプルな形です。

5年生のころのQ&Aノートは、答えのところにマメ知識を書くことを意識して行います。必要な知識を思い出すときの補助的な役割として、マメ知識が活きてきます。答えの欄にマメ知識を書けるかどうかというのが第一段階です。

6年生になってからは、抜けている知識を補うというのが目的になってきます。作成するのは模試のあとです。4択問題や並べ替え問題で間違えたときに、その問題をもとにQ&Aノートを作成します。

4択問題などは答えを記号で答えさせるものです。もし、そのままQ&Aに載せた場合、answerの部分には「ア」というように記号だけが書かれた状態になります。これはまったく意味がありません。「ア」と覚えても、何も力はつかないからです。

具体的な作り方は、次のとおりです。

たとえば、正解がアの選択肢で、「聖武天皇に関して説明した文で、誤っているものを選びなさい」という問題があったとします。「聖武天皇は、大宝律令を制定し、律令国家を完成させた」と

いうものだったのに、イを選んで間違えたとします。

Q&Aノートには、「次の文章の間違っている部分はどこ？」といった問題を作り、続けて先ほどのアの文章を書きます。アの文章は「大宝律令」の部分が誤りですから、答えの欄に正解として「大宝律令」と書き、マメ知識として、「大宝律令は７０１年、文武天皇のときに出された」と書いてマメ知識をコラム化します。

さらに、Q&Aノートの発展版として、ある一つのことがらに絞ったQ&Aノートを作ることもあります。たとえば、特定の県に関してとか、特定の人物に関してのものです。

県ならば、まとめたい県の形を書いたり、コピーを貼ります。そしてたとえば、1この県の名前は？ 2この県の県庁所在地は？ 3この県で生産高が一位のくだものは？ といった具合に、問題をどんどん重ねていきます。

世の中にあるようでない問題集を自分で作ってしまおうというものです。人物に関しても同じように作っていくことができます。自分の弱いというものだけが集まった、オリジナル問題集ができあがります。

そして、このQ&Aノートも作って満足ではなく、使ってこそ意味があります。ですから、授業の間の休み時間とか、夜寝る前などの少しの時間を使って何度も確認することが本当の力をつけることにつながります。

102

PART5 暗記と理解を両立させる社会のノート

Q&Aノート

イラストを駆使した公民の〔Q&Aノート〕

解答部分にイラストを入れるなど、記憶に残す工夫がされている。
常任理事国を「アフロ注意」で覚えるといった語呂合わせもよい

国際連合の最高機関を何という？	総会（信託統治理事会・安保理・国際司法裁判所・経済社会理事会・事務局）
常任理事国はどこ？	アメリカ、フランス、ロシア、中国、イギリス ※アフロ注意でおぼえよう！
四日市ぜんそくの原因となったものは何？	亜硫酸ガス（亜硫酸ガス・工場）
国際連盟が成立したのは何年？	1920年
日本の畜産業の問題点は何？	輸入すると環境問題につながる！
養蚕に関係の深い地図記号は何？	Ｙ Ｙ ← くわ畑

小学校6年生・女の子のノート

地域別・地理の（Q&Aノート）

一つの県に絞ったノート。ありそうでなかった作り方。問いの立て方だけでなく、何を軸にまとめるかも自分で考えることが大事

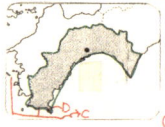

①この県は何県？　　　　　　　①高知県
②県庁所在地はどこ？　　　　　②高知市
③"清流"で有名なこの県の川　　③四万十川
　の名は？
④Dの岬を何という？　　　　　④足摺岬
⑤Cは何という所ですか？　　　⑤足摺宇和海国立公園
⑥何の生産量が日本一？　　　　⑥なす
⑦ビニールハウスを用いた何栽培が行われている？　⑦促成（なすやピーマン）
⑧この県の伝統工芸品で有名なものは？　⑧土佐和紙
⑨この県は気候にどういう特徴がある？　⑨夏に降水量が多い

近畿地方

①この県は何県？　　　　　　　①三重県
②県庁所在地はどこ？　　　　　②津市
③Aは何湾？　　　　　　　　　③伊勢湾
④Bは何山脈？　　　　　　　　④鈴鹿
⑤Cは何平野？　　　　　　　　⑤伊勢平野
⑥Dは何半島？　　　　　　　　⑥志摩半島
⑦Dの半島では何の養殖が有名？　⑦真珠
⑧Eは何という所？　　　　　　⑧伊勢志摩国立公園
⑨この県でおきた四大公害病の一つは？　⑨四日市ぜんそく
⑩四日市では何が有名？　　　　⑩石油化学
⑪尾鷲周辺はどういう気候ですか？　⑪日本の最多雨地帯
⑫この県の世界遺産は？　　　　⑫紀伊山地の霊場
　　　　　　　　　　　　　　　　　参詣道
　　　　　　　　　　　　　　　キレイ⑫

小学校6年生・女の子のノート

PART 5 暗記と理解を両立させる社会のノート

Q&Aノート

苦手なものを"楽しい"に変える

苦手項目に特化したノート。全体的に、楽しみながら作っているのが見て取れる。弱点や嫌いなものを"楽しい"にポジティブ転換する発想がマル

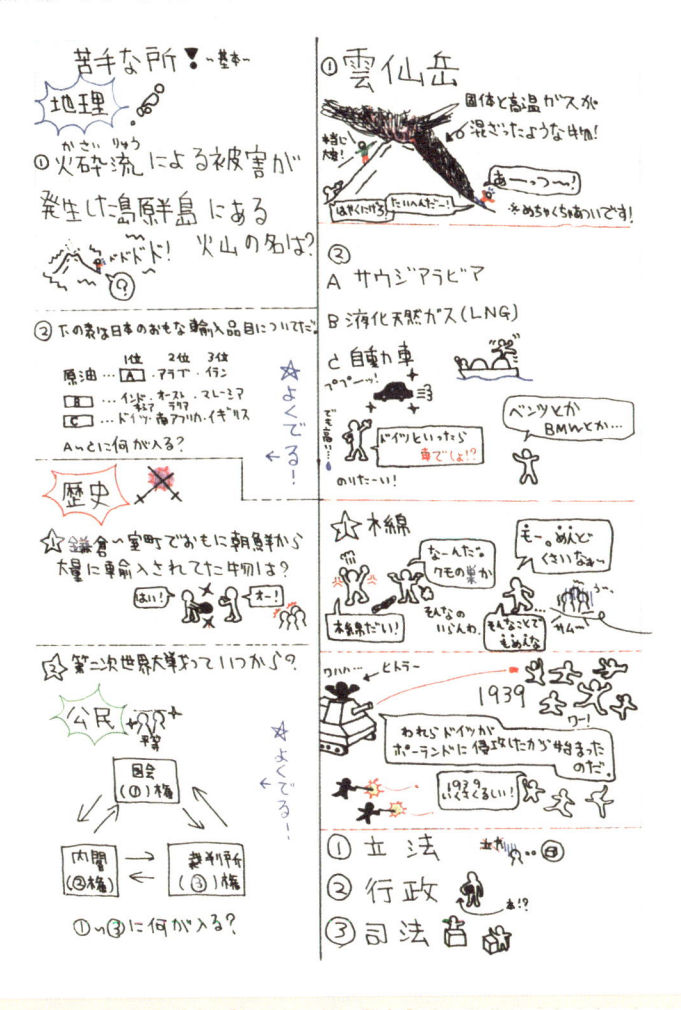

小学校6年生・男の子のノート

まとめノート　知識がどんどんつながっていく

一問一答を数多くこなしてきたけれど、なかなか点数に結び付かないという子もたくさんいます。それは知識が有機的につながっておらず、断片的なままだから。知識をどうにかして有機化しなければなりません。どうしていいか分からないというのが子どもたちの正直な気持ちです。

そこで、目的の四つ目にあたる"肉化"のために、ここではいくつかの方法を紹介します。

一つはマトリックスノートです。ほかとあまりつながりがなく独立した知識を覚えるときに使えます。たとえば、歴史の文化史や貿易に関してなどが良い例です。文化に関しては、時代ごとにいろいろ出てきますが、それを覚えるときに時代がごちゃまぜになってしまうようです。それを表の形でまとめるというのが、一つの方法です。その際、字ばかりでなく、人物や建物の写真を貼ったりすると、より印象に残りやすくなります。

二つ目は、マインドマップです。一つのことがらから派生する事柄を次々つなげていき、色分けなどをして頭に入れていくというものです。印象に残る絵などを加えて、映像として記憶していきます。

三つ目は、地図などを自分で作るというものです。白地図に書き込むのではなく、自分で地図を作り、イラストなどをふんだんに盛り込んだ自分だけの地図を作ります。ここでも色ペンを使って、印象に残るものを作っていきます。

PART5 暗記と理解を両立させる社会のノート

今紹介した三つは、初めからスラスラと作れるものではありません。作る際に、いろいろな資料を見ていることや、自分で書いていることで、それだけでもかなり意味があるのですが、ここからが本当のポイント。知識を有理化するために、書いたものを見ずに再現するということを行います。1回で完璧にできればすごいですが、何回もチャレンジすることに意味があります。

ただし、時間のかけすぎだけには要注意。これらのノートを作り始めたころは、今までやってきたことと大きく違い、自分が頭を使ってまとめている状態です。ですから、時間を決めて作るといいでしょう。

たとえば、オリジナル地図作成ならば、1回目は20分〜30分を目安に作ります。そのあとは時間を短くしていき、最終的には15分程度で再現できるようになるのが目標です。また、マインドマップでは、自分が書いたものをお話しのように話していくということで確認ができます。マインドマップに書く場合、細かな説明はあまり書きません。ですから、書いたものを説明できるということで、流れが分かっているということにもなります。

やはりこれらも作って満足するのではなく、再現できるかを確認することで意味があるものになっていきます。この3種類に関しては、ノートでは小さくてやりにくいということであれば、B4やA3といった大きめの紙に書くこともおすすめです。

> **重要項目は青で表記**
> 代表的な作品など、重要項目は青で表記するなどの工夫も◎

安土・桃山	江戸		明治
桃山文化	元禄文化	化政文化	明治の文化
南蛮のえいきょうを受けた文化	上方中心の町人文化	江戸中心の町人文化	近代ヨーロッパのえいきょうを受けた文化
・安土城 ・大阪城 ・ひめじ城	〈絵画〉 浮世絵 ひし川師宣 「見返り」	〈絵画〉 ○葛飾北斎 「富嶽三十六景」 歌川広重 「東海道五十三次」 ○喜多川歌麿 「美人画」	〈書物〉 ○福沢諭吉 「学問のすゝめ」 〈その他〉 ☆郵便制度 「前島密」
〈絵画〉 壁画 狩野永徳 「唐獅子図屏風」	〈書物〉 ○井原西鶴 「浮世草子」 ○近松門左衛門 「人形浄瑠璃」	〈書物〉 ☆十返舎一九 「東海道中膝栗毛」 ☆滝沢馬琴 「南総里見八犬伝」	歌川(安藤)広重
〈その他〉 阿国 歌舞伎			

> **写真を使って印象に残す**
> 近松門左衛門や滝沢馬琴など、象徴的な人物は写真を切り貼り。これで記憶に残りやすくなる

PART5 暗記と理解を両立させる社会のノート

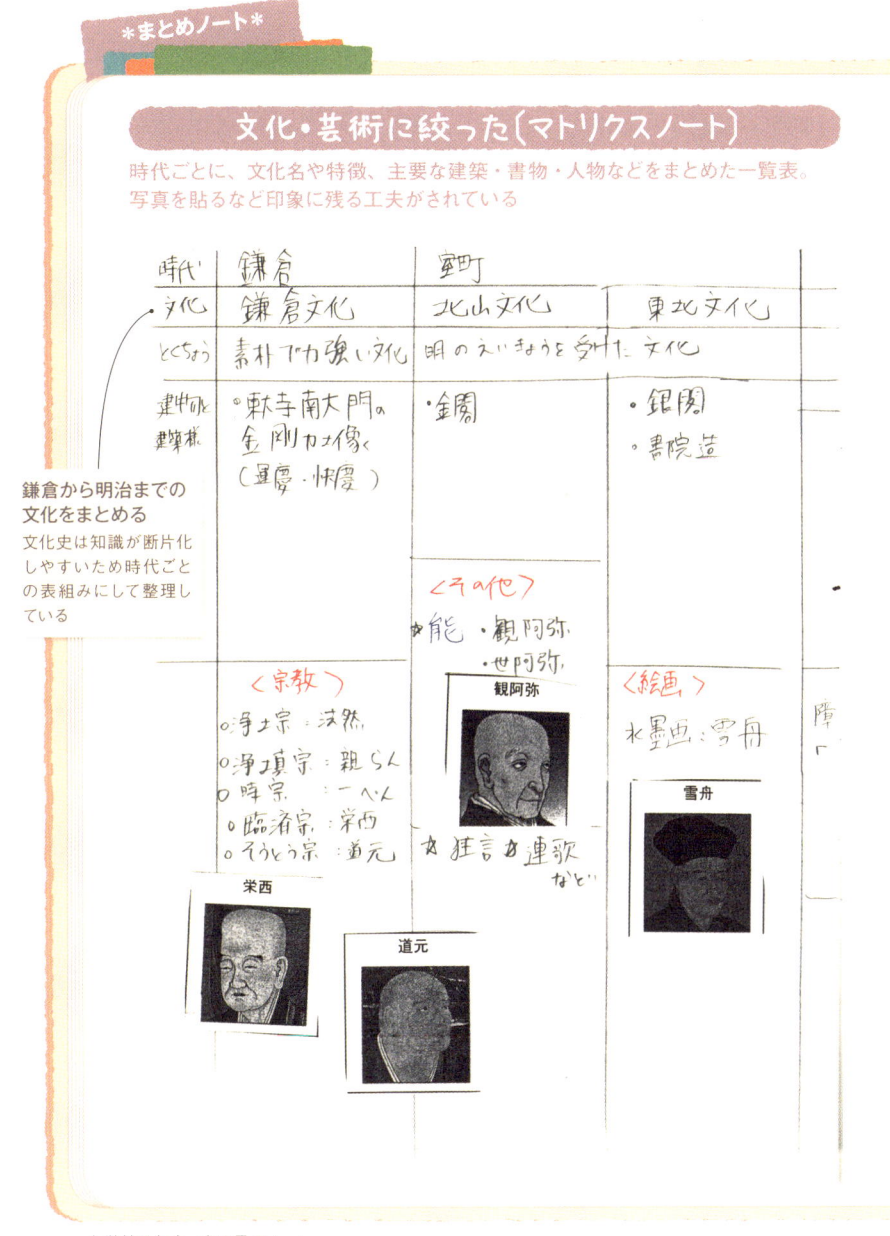

まとめノート

文化・芸術に絞った（マトリクスノート）

時代ごとに、文化名や特徴、主要な建築・書物・人物などをまとめた一覧表。写真を貼るなど印象に残る工夫がされている

時代	鎌倉	室町	
文化	鎌倉文化	北山文化	東山文化
とくちょう	素朴で力強い文化	明のえいきょうを受けた文化	
建造物 建築様式	・東大寺南大門の金剛力士像く（運慶・快慶）	・金閣	・銀閣 ・書院造

鎌倉から明治までの文化をまとめる
文化史は知識が断片化しやすいため時代ごとの表組みにして整理している

〈その他〉
・能 ・観阿弥
　　　・世阿弥

観阿弥

・狂言 ・連歌 など

〈宗教〉
○浄土宗：法然
○浄土真宗：親らん
○時宗：一ぺん
○臨済宗：栄西
○そうとう宗：道元

栄西

道元

〈絵画〉
水墨画：雪舟

雪舟

小学校6年生・女の子のノート

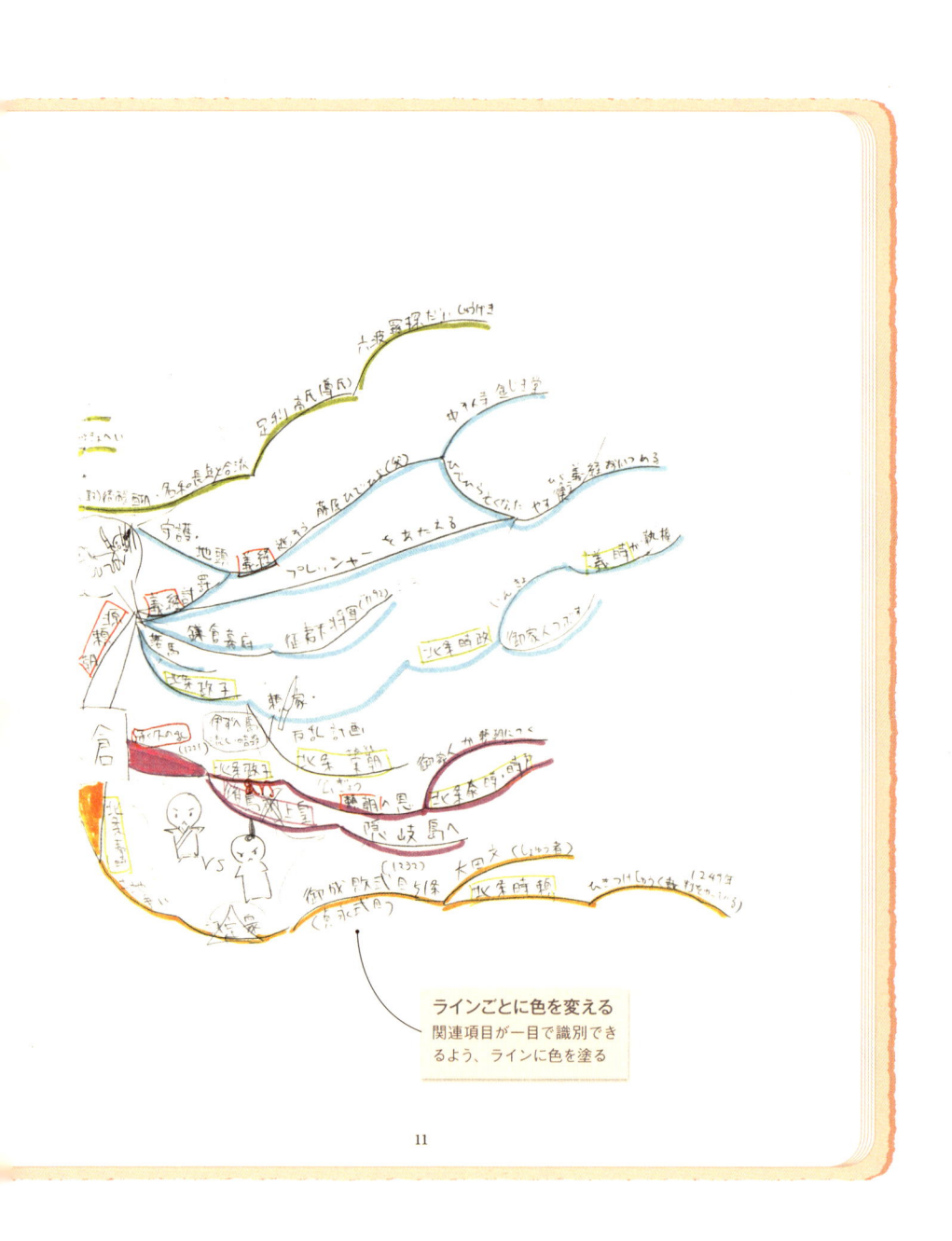

> **ラインごとに色を変える**
> 関連項目が一目で識別できるよう、ラインに色を塗る

PART5 暗記と理解を両立させる社会のノート

まとめノート

派生することがらをつなげる（マインドマップ）

「鎌倉」を中心に、幕府の成り立ちや元寇、幕府滅亡にかかわるキーワードを連想したマインドマップ。知識の有機化に効果的だ

◇07 関連させよう 〜鎌倉編〜

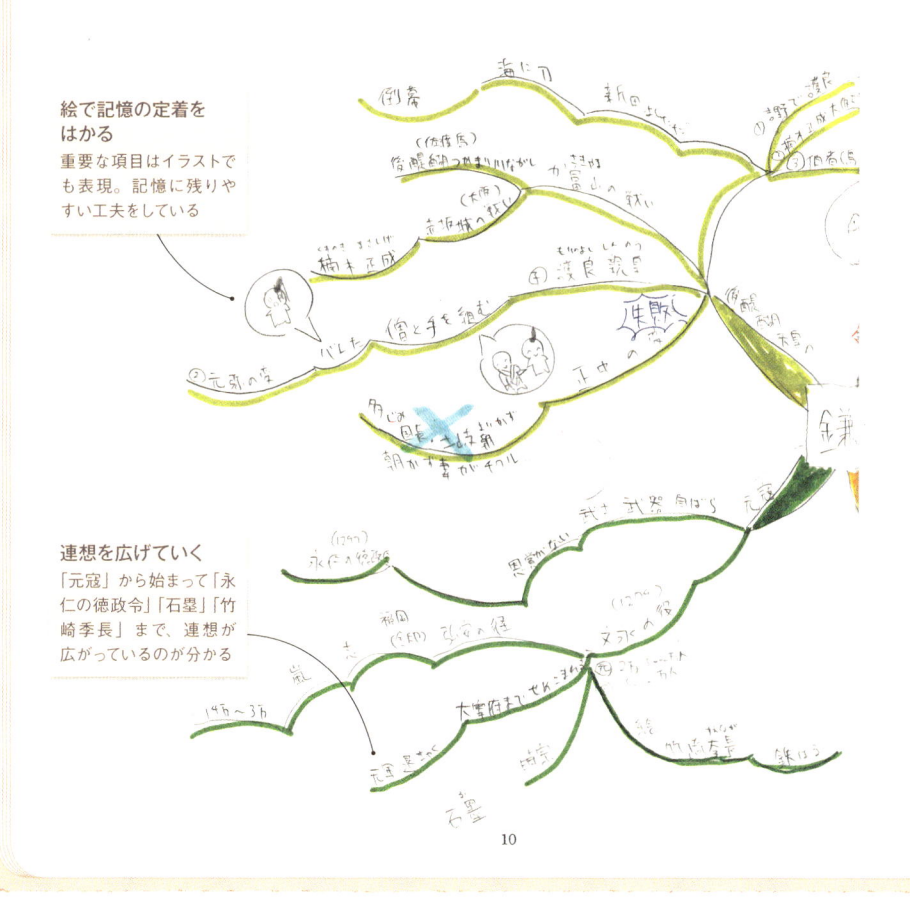

絵で記憶の定着をはかる
重要な項目はイラストでも表現。記憶に残りやすい工夫をしている

連想を広げていく
「元寇」から始まって「永仁の徳政令」「石塁」「竹崎季長」まで、連想が広がっているのが分かる

小学校6年生・女の子のノート

東北地方の〔地図型まとめノート〕

東北地方の地形や機構、主な山脈などを整理した〔まとめノート〕。
海や川に関係するものは青で書くなどの工夫が施されている

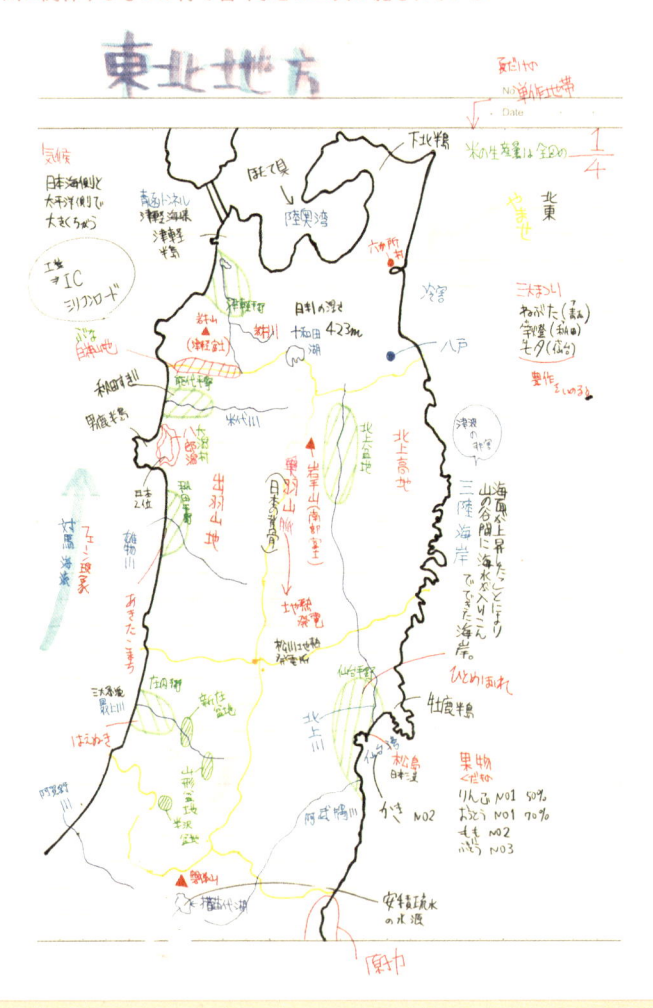

小学校6年生・女の子のノート

PART 5 暗記と理解を両立させる社会のノート

＊まとめノート＊

近畿地方の〔地図型まとめノート〕

お茶やのり、陶磁器といった特産物がイラストで表示。県境を赤線で、海岸線はグリーンなどの色分けもよい

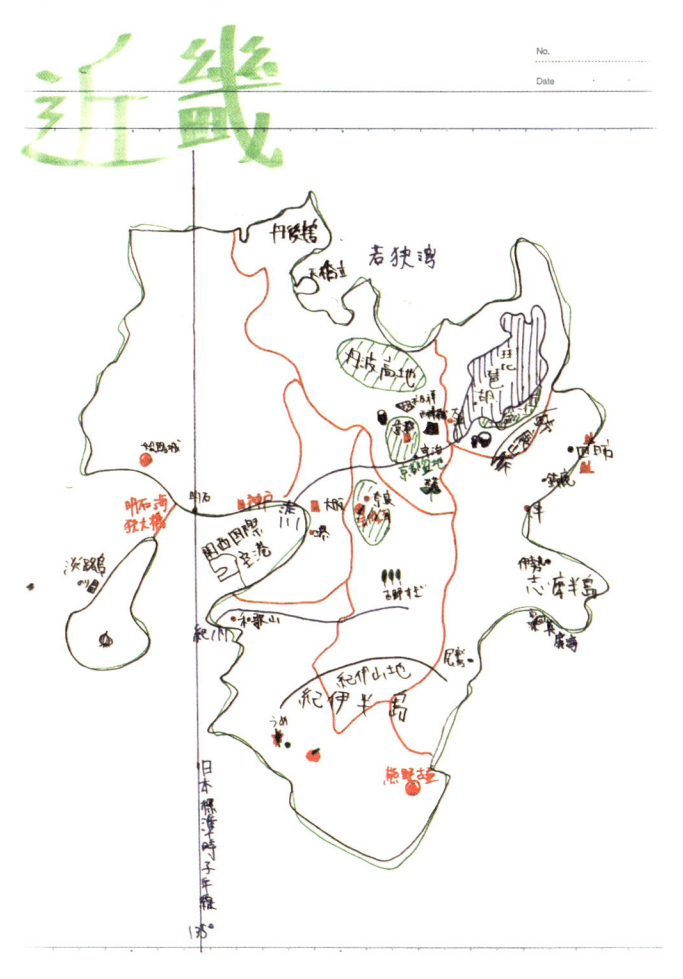

小学校6年生・女の子のノート

社会ノートのまとめ

ノートの種類	特徴	対象学年
授業ノート	・授業中にすべて覚えるつもりで板書を写す ・先生が言った豆知識をメモする	全学年
演習ノート	・スピード感をもって問題を解く ・間違えた問題の正解は赤ペンで書いて覚える	全学年
Q&Aノート	・一通り習ってから作る ・写真やイラストを活用しながら、覚えやすいように作る	小学校5年生から
まとめノート	・最初は教科書や資料を見て作成する ・作成したものを見ずに再現したり、自分の言葉で語れるようにする ・20〜30分で一気に作る	小学校6年生 中学校3年生

PART 6 計算法と知識を整理する理科のノート

知識系

計算系

$2H_2O_2 \rightarrow 2H_2O + O_2$

理科のポイント 「何でなんだろう」を大切にする

まずは、理科という科目を簡単に説明します。少し専門的になりますが、自然科学とは"自然（人為的でないもの）"の仕組みや成り立ちを、実験・観測といった科学的手法を用いて理解し、説明する学問のことです。分子や原子といったミクロの世界から人体の仕組み、そして宇宙のことまで多岐にわたっています。

たとえば、中学受験の理科では「光の性質」「動物の体のつくり」「水溶液の性質とはたらき」「地層・化石・火山」「てこ」「電流のはたらき」「地球と宇宙」「植物のはたらき」などをはじめ、そのほかにも本当に多くのことを学びます。子どもたちにとって身近なものから、聞いたことはあるけれどという程度のものまで、幅広く扱います。

そして、その内容の多くは中学生が学ぶものと、ほとんど変わりがありません。理科という教科を難しく感じる子が多いのは、そういう面があってかもしれません。

実際に起きている現象などを理解していくという学問ですから、「ふ〜ん」で終わらすのではなく、「なぜ？」という疑問を持って授業を聞くことが大切です。理科では不思議なことがいっぱいのはずです。興味を持つという意味でも、「何でなんだろう？」という疑問を大切にしてほしいと思います。そして、「なぜ」という疑問で終わらせず、「こうだからだ」と論理的に説明できるくらいまでもっていくことで本当に得意な科目になります。

PART6　計算法と知識を整理する理科のノート

もちろん、実際に目にできる機会があれば、少しでも多く触れさせてあげたいものです。興味を持つということや記憶という面に関しても、実際に目で見て手で触れたという感動は、紙面だけのものとは比べ物になりません。本当に理科を好きな人ほど、実際にモノに触れる機会を多くつくっています。ですから、「うちの子を理科好きにしたいな」と思うのであれば、なるべく小さいころから実験などをできる環境に置いてあげ、一緒に不思議や感動を味わうのがいいでしょう。

さて、理科という教科の学習を考えたときに、算数と社会の勉強の両方の特徴を備えた教科といえます。算数の要素が必要な"物理系"のものと、社会の暗記の要素を必要とする"知識系"のものにわかれるからです。

基本的な勉強の仕方は、この2教科でのやり方を理科にあてはめることで、ある程度解決できます。ただし、その2教科との大きな違いといえば、現象として起こることを理解できるかという点です。教科書などを見ても、他の教科に比べて写真や絵が多いのも理科の特徴です。ノートに関しても教科書同様、絵が多くなります。ですから、絵を分かりやすく大きく書くということが大切です。

あとは、実際の学習を進めるにあたっては、算数的な反復や復習が必要なところと、社会科的な反復や復習が必要なところをしっかりとわけて学習するということです。そのあたりを理解して学習をしていくことが、理科の力をつけていくうえでは重要なポイントになります。

授業ノート 絵や図を大きく書いて覚える

授業ノートに関しては、ただ一つ。絵や図を大きく書くということです。そして、そこにポイントを書き込んでいきましょう。言葉であれやこれやと細かく書くよりも、絵や図を用いて脳にためていくというのがいいでしょう。小さく書いた絵では書き込みがしにくいですし、頭にも残りません。印象を強く残すためにも、罫線を気にせずに大きめに書きましょう。

また、「覚え方」をこじつけでもいいので書いておくといいですね。

たとえば、植物が根から水を運ぶのが道管で、葉で作った養分を根に送る管を師管ということを習ったとします。茎の断面を見ると、道管は師管よりも内側にあります。これは名前と位置の両方を覚えておかなければなりません。覚え方の一例として、水を送るのが「水道管」。でも、根から上にあげるには時間がかかる。その間に蒸発してしまうからまずいから道管は「内側」にあるんだ、というように覚えます。もちろん、道管が内側にあるのはそういう作りになっていただけの話です。

ただ、覚えるにあたって、こういう形で理屈を勝手につけて覚えるというのも一つの方法です。ノートには、こういうことを書きとめておくといいでしょう。

また、通常の形以外に、後で説明するQ&Aノートの形式で初めから作っていくという方法もあります。自分に合った形で作ることをおすすめします。

PART 6 計算法と知識を整理する理科のノート

授業ノート

罫線を気にせず、書くことが大事

理科の授業では、文章で書くよりも絵や図で覚えたほうが早いこともある。図解はノートに大きく書くようにしよう

図やイラストを大きく書く
概念図やイラストは罫線を気にせず大きく描くこと。緻密に書く必要はない

地軸の真上にあるのが北極星

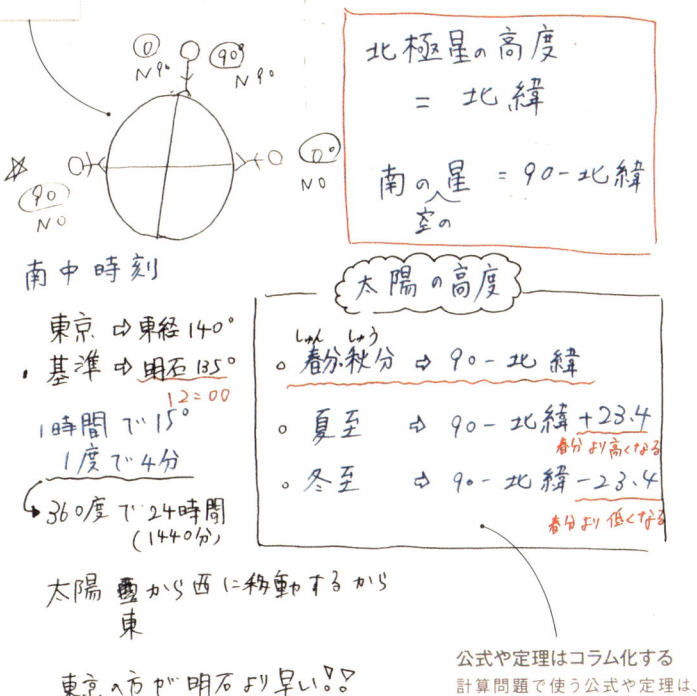

北極星の高度
　　= 北緯

南の星 = 90 - 北緯
　空の

南中時刻

東京 ⇒ 東経140°
・基準 ⇒ 明石 135°
1時間で15° (12:00)
1度で4分
→ 360度で24時間
　　(1440分)

太陽 東から西に移動するから
　　 東

東京の方が明石より早い！？

太陽の高度
○ 春分秋分 ⇒ 90 - 北緯
○ 夏至　　 ⇒ 90 - 北緯 + 23.4
　　　　　　　　春分より高くなる
○ 冬至　　 ⇒ 90 - 北緯 - 23.4
　　　　　　　　春分より低くなる

公式や定理はコラム化する
計算問題で使う公式や定理は、見返しやすいように色分けして書き、線で囲んでコラム化する

小学校6年生・女の子のノート

演習ノート　まずは用語を覚えてしまう

理科の演習ノートは、社会と同じようにノートを作ります。現象の理解が必要な理科という科目ですが、知識として頭に入れておけることは先に入れておくというのも悪いことではありません。誤解のないように言っておきますが、現象自体を理解しなくていいと言っているわけではありません。どちらが先でもかまわないという意味です。

たとえば、算数で行う分数の割り算。「÷」を「×」に直して、「÷」の後ろにある分数の分子と分母を上下逆さまにして計算します。意味を先に理解させようとすると、子どもたちには意味が伝わらず、分数の割り算はとても難しいものと思い込まれてしまいます。意味を理解することはとても大切なことですし、絶対に軽視してはいけませんが、「意味の理解」と「できるようになること」は、単元によってどちらを優先的に行うべき。理科においても覚えられるところは、先に言葉を覚えておこうということです。まずはできるようになる（点数が取れる）ことで、理科に対しての抵抗をなくし、自信につなげたいと考えているのです。

作り方自体は社会科のＱ＆Ａノートと同じく、ノートに縦線を引いて二つにわけます。間違えた際には、コメントなどを書いていけるといいですね。繰り返し行うということが重要です。一度作ったものを模範解答として、声だしで何度も繰り返し練習をしましょう。

120

PART6 計算法と知識を整理する理科のノート

演習ノート

スピード感をもって問題を解いていく

社会科と同じく、まずは用語を覚えることが大切。1回目はノートに書き、2回目以降は口頭で解いていくのも手だ

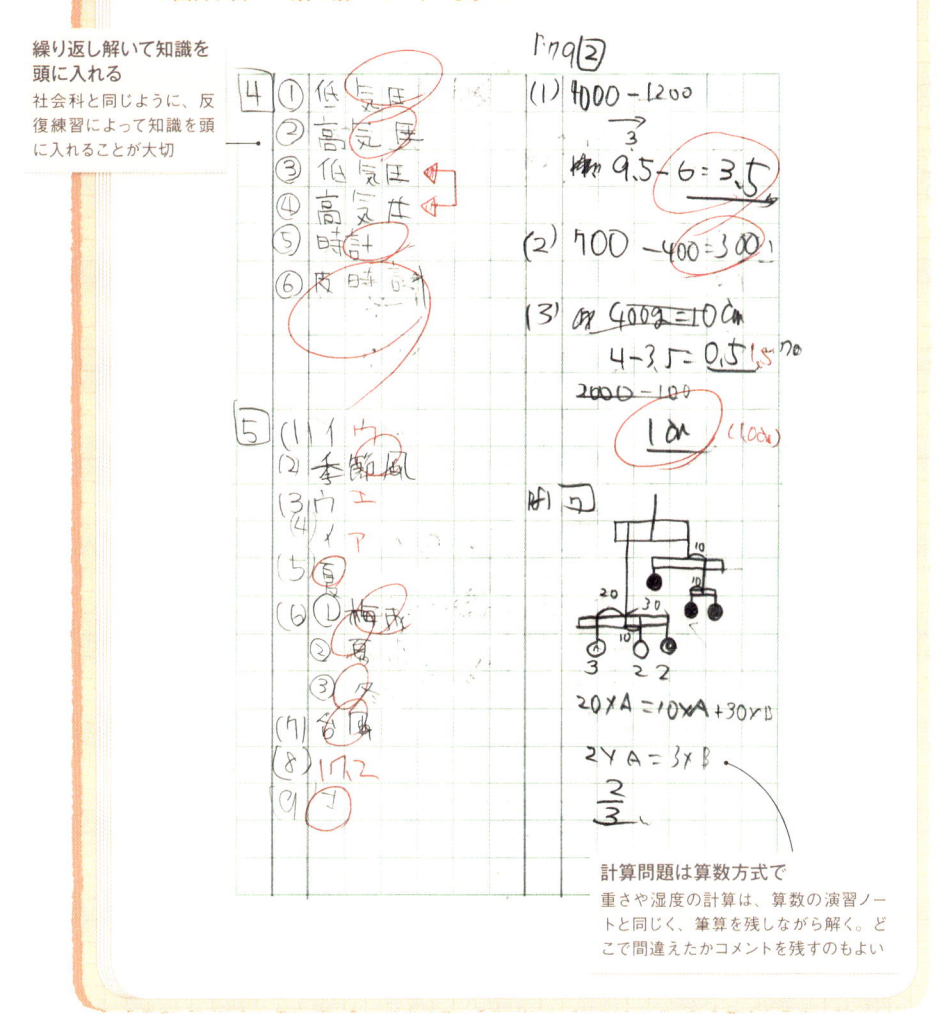

繰り返し解いて知識を頭に入れる
社会科と同じように、反復練習によって知識を頭に入れることが大切

4
① 低気圧
② 高気圧
③ 低気圧
④ 高気圧
⑤ 晴
⑥ 雨

5
(1) ウ
(2) 季節風
(3) ウ
(4) エ
(5) 雨
(6) ① 梅雨
　② 夏
(7) 冬
(8) 172
(9) イ

P79 [2]

(1) 4000 − 1200
　　9.5 − 6 = 3.5

(2) 700 − 400 = 300

(3) 400g = 10cm
　　4 − 3.5 = 0.5 15.70
　　2000 − 100
　　1cm (1000)

$20 \times A = 10 \times A + 30 \times B$
$2 \times A = 3 \times B$
$\frac{2}{3}$

計算問題は算数方式で
重さや湿度の計算は、算数の演習ノートと同じく、筆算を残しながら解く。どこで間違えたかコメントを残すのもよい

小学校6年生・男の子のノート

Q&Aノート オリジナル問題集として活用する

理科のQ&Aノートは社会と同様、ノートを縦線で半分に割り、左側にQ（question）、右側にA（answer）を書くというものです。

社会の場合、5年生と6年生では作り方が違っていましたが、理科の場合は5年生で作っていたものを、6年生でもそのまま使えるという点が社会との違いの一つです。また、絵を多く盛り込むというのも、授業ノートと同じく、理科ならではの視点です。新しく問題集などを買わなくても、自分が作ってきたQ&Aノートがしっかりと問題集の役目を果たしてくれます。

再三言っていることではありますが、このノートも使ってこそ意味があるものです。解いたあとに○×を問題番号のところに書きますが、これを残しておくことが自信につながります。その習慣が身についていないと入試が近づいたときに、どの単元が苦手なのかということがはっきりと分からない状態になってしまいます。**的を絞った復習を考えたときに、この○×のチェックが効果を発揮してきます**。初めは○×をつける意味が分からず、忘れがちになりますが、習慣になるまでつけさせるようにします。

PART6 計算法と知識を整理する理科のノート

Q&Aノート

左側にQ、右側にA を書いていく

社会のQ&Aノートと同じく、左側にQuestion、右側にAnswerを書いていく。
計算問題は正解だけでなく解法も書き残すこと

まの氷を入れてよくかき混ぜて、一定になったときの温度を調べると何℃になりますか？	450 × 60 = 27000 80 × 50 = 4000 ← 1gの氷をとかすのに必要なカロリー 27000 − 4000 = 23000 23000 ÷ (450 + 50) = 46 　　　　　　　46 ℃
Q74 めすのメダカをスケッチしなさい。	
Q75 生まれてから約13日でふ化したたまごが入っている水そうの水温は何℃？	250 ÷ 13 = 19.2… 　　　　20 ℃
Q76 水素を集める方法の図をかけ。	水上置換法
Q77 塩酸をうすめる時に水が入	

小学校6年生・女の子のノート

まとめノート 頭に入れた知識を有機化する

演習ノートのところで、知識の部分を先に頭に入れてしまうと述べました。そこでは意味を理解することも大切だということを書きましたが、これから紹介するのが、断片的な知識を有機的につなげるためのまとめノートです。目的の"肉化"という部分にあたります。

具体的には、単元ごとに今まで蓄積した知識をまとめていくノートです。初めは確認の意味が強いので、教科書などを見ながら書いてもかまいません。2回目からは、最初に作ったものを何も見ずに再現できるようになることを目標にします。印象に残すために、色ペンを使うのはいいのですが、色分けにルールがあるかどうかには注意をしましょう。

作ったものに関して、再現できるかどうかという確認方法が一つの確認方法ですが、それぞれを一つずつ説明できるかどうかという確認も意味のある学習です。まとめるだけでも、自分の分かっていたこと、忘れていたことを確認できますから大変意味がありますが、そこで終わらせないことを意識し、その先の学習へつなげることで、より成果が期待できます。

PART6 計算法と知識を整理する理科のノート

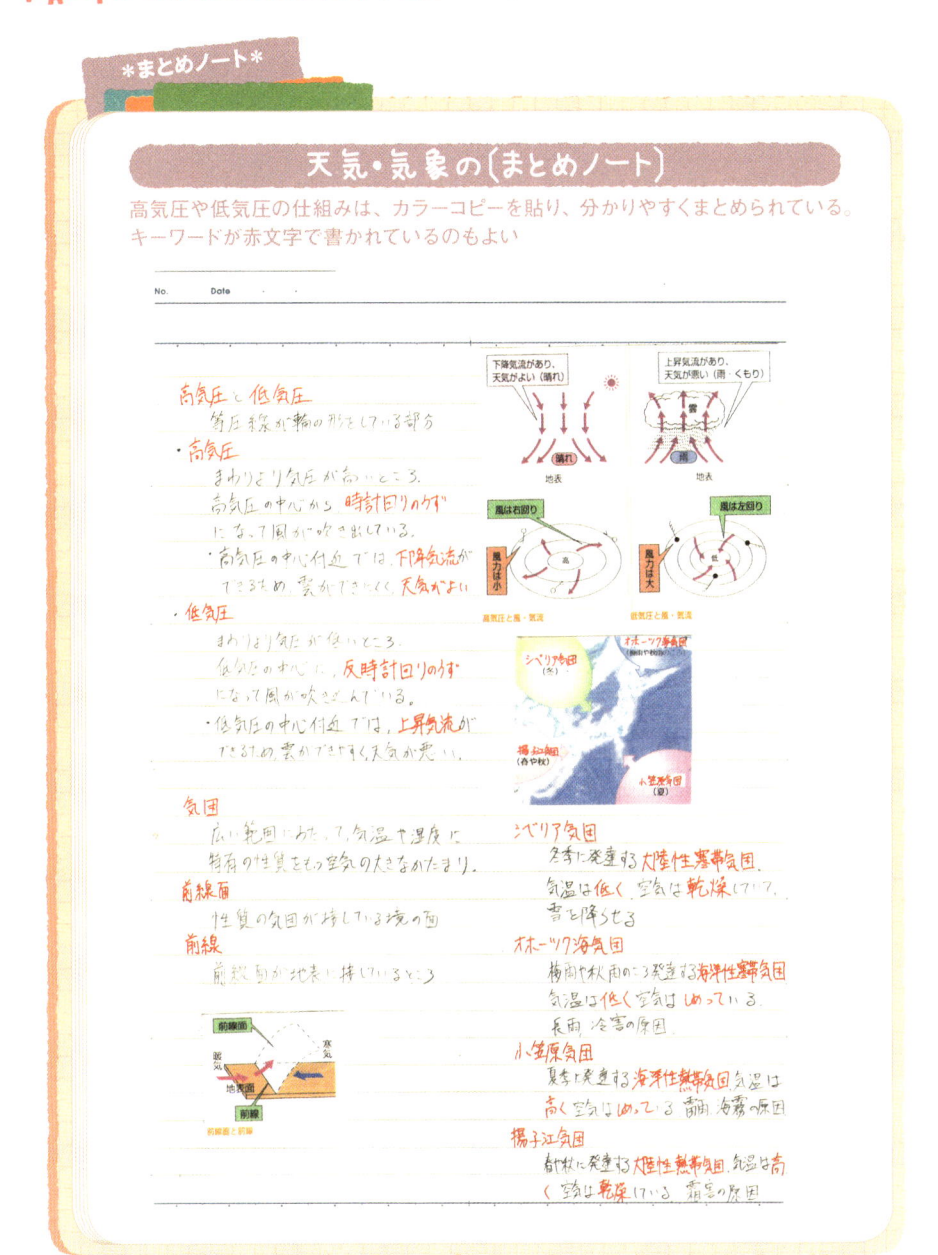

まとめノート

天気・気象の(まとめノート)

高気圧や低気圧の仕組みは、カラーコピーを貼り、分かりやすくまとめられている。
キーワードが赤文字で書かれているのもよい

高気圧と低気圧
　等圧線が輪の形をしている部分

・**高気圧**
　まわりより気圧が高いところ。
　高気圧の中心から**時計回りのうず**
　になって風が吹き出している。
　・高気圧の中心付近では、下降気流が
　　できるため、雲ができにくく、天気がよい

・**低気圧**
　まわりより気圧が低いところ。
　低気圧の中心に、**反時計回りのうず**
　になって風が吹きこんでいる。
　・低気圧の中心付近では、上昇気流が
　　できるため、雲ができやすく、天気が悪い。

気団
　広い範囲にわたって、気温や湿度に
　特有の性質をもつ空気の大きなかたまり。

前線面
　性質の気団が接している境の面

前線
　前線面が地表に接しているところ

シベリア気団
　冬季に発達する**大陸性寒帯気団**。
　気温は低く、空気は乾燥していて、
　雪を降らせる

オホーツク海気団
　梅雨や秋雨のころ発達する**海洋性寒帯気団**
　気温は低く空気はしめっている。
　長雨・冷害の原因

小笠原気団
　夏季に発達する**海洋性熱帯気団**気温は
　高く空気はしめっている。蒸暑・海霧の原因

揚子江気団
　春や秋に発達する**大陸性熱帯気団**。気温は高
　く空気は乾燥している。霜害の原因

中学校3年生・男の子のノート

理科ノートのまとめ

ノートの種類	特徴	対象学年
授業ノート	・図やイラストを大きく書く ・先生が言った豆知識をメモする ・計算問題の公式はコラム化する	全学年
演習ノート	・ノートに縦線をひいて、2分割にする ・間違えた問題の正解は赤ペンで書いて覚える	全学年
Q&Aノート	・単元ごとにまとめる ・写真やイラストを活用しながら、覚えやすいように作る	小学校5年生から
まとめノート	・図やイラストを駆使しながら、知識を有機化する ・20〜30分で一気に作る ・自分専用の問題集として活用する	小学校6年生 中学校3年生

PART 7 積み重ねで実力をつける英語のノート

> My name is Takeru.
> What is your name?

英語のポイント　なぜ苦手科目になりがちなのか？

最初に言っておきたいのは、英語は「量」の学科だということです。どれだけ読み、覚え、口にしたか、の量が多い人ができる科目です。まずそれを踏まえたうえで、効率のよい学習法をお伝えします。

英語がよくできる人の中には、ビートルズなどの洋楽を聞いていたという人がいると思います。実際に歌を歌えるようになり、スラスラと口をついて出る状態であれば、英語が身近なものと感じられますから、学習段階になったときにもスムーズに入っていけると思います。

これは、単純に精神的な壁があるかないかだけの話ではありません。英語学習を考えたときにも、大変有効で意味のあることができています。意味のあることとは何かというと、有機化です。

一つずつの単語をバラバラに覚えても、文章にはなりません。また、発音や文法を分かっても、それを一つの意味のあるまとまりととらえるようにならなければ、つながってくることはありません。バラバラのままでは、どんなに勉強をしても結果はなかなか出てきません。それらをつなげるという意識を持たなければ、変わらぬまま進んでしまいます。

歌は、主旋律やリズム、伴奏、歌詞などが、渾然一体となって体に流れ込んできます。自然と有機化された状態を体感していることになります。ですから、そういった意味からも、歌から入るというのはとても効果的な手段の一つなのです。

PART7 積み重ねで実力をつける英語のノート

歌は苦手だなというのであれば、文章の丸暗記をしてしまうのでも十分です。何度も何度も声に出していくうちに、単語の並びがどうなっているかという感覚もついてきます。その訓練が足りないと、語順がおかしな文章を読んだときに、「この文章、なんか気持ち悪いな」と思えません。そんな違和感を持てるくらいになれば、英語がかなり体の中に浸透していると言ってもいいでしょう。日常の中で英語を使って生活していない日本人にとって、その違和感を持つまでには時間がかかります。だからこそ、歌や暗唱というのが効果的なのです。

もう一方で、英語は好きなんだけれど、苦手という人がいます。たとえば、英会話を小さいころからやってきて、英語には慣れ親しんでいるという子がいたとします。英語はとても好きですから、中学校に入っても英語は得意科目になるはずでした。

しかし、得意科目にならないという子が、実は結構いるのです。それはなぜかというと、書くという英語が始まるからです。単語のスペルを一つも間違いなく覚えるためには、何度も書くという努力をしなければなりません。これは日本語が読めても漢字が書けるわけではないのと同じです。ですから、**本当に得意になるためには、好きだけではなく、書けるようになるための積み重ねができるかどうかということも重要なのです。**

英語は歌や英会話から入って好きになっていき、努力を重ねて得意になる科目です。積み重ねることを身につけられれば、定期テストなどで満点を取ることも全然難しいことではありません。

授業ノート 単語と単語の間にスペースをつくる

英語は、早めにやっているに越したことはないですが、中学校から始めたとしても、十分間に合うと自信を持って言えます。

英語の授業ノートも、他の教科と大切な視点は変わりません。あとで見返したときに分かりやすくまとめてあるかということがキーポイントです。特に、文法事項や熟語、言葉の書き換えなどが載っているオリジナルの参考書になるものですから、丁寧に作っていきましょう。

授業を受けるにあたって、大切なことを押さえること、声を出して単語や文章を読むときにはなるべくしっかりと声を出すという二点が大切です。恥ずかしさもあるかもしれませんが、五感をフルに使って学習するほうが、定着がいいので、しっかりと発声しましょう。

そしてノートに関してですが、やはりここでも意識するのは余白です。あまりぎちぎちに書いてしまうと、単純な文字の羅列になってしまい、頭に入りにくくなってしまいます。

ですから、単語と単語の間などにしっかりスペースを取ること、書き込みがしやすいように、一行ずつ間をあけるようにしておきます。

授業で教わったことを分かりやすくまとめるのが、授業ノートの目的です。ここを外さなければ、あとは自分の使いやすいように工夫します。

行間をあけてゆったりと書く

他の科目と同じように、注意点やポイントを書き込むスペースを確保するため、十分な余白を確保することが大切だ

ポイントを図式化
関係代名詞の例や頻出表現を図式化するなど、見返したときに分かりやすい工夫をする

関係代名詞

〜先行詞 { who 主格　人
　↑修飾　 which 主格・目的格　物
　　　　　whom 目的格
　　　　　that 人＋物　←オールマイティ
　　　　　whose 所有格 }
　　　　　adj 形.

※ that を使うべき場合
・先行詞が最上級のadj, 序数, the only, the very
・　〃　が every, all, no, any に修飾
・　〃　が everything, nothing, 〜 の場合
・　〃　が「十動物一物」

① 京都は長い歴史をもつ都市です。
　Kyoto is the city (which has a long history.)

② あなたがそこで会った女性は私の母です。
　The woman (whom you met there) is my mother.

③ スミスさんにはマイクという名前の息子がいます。
　Mr. Smith has a son (whose name is Mike.)

④ 前置詞＋関係代名詞
　(This is the house. He lives in it.
　↓
　This is the house (which) he lives in.
　　　　　　　　　　省略可
　↓
　This is the house (in which) he lives.
　　　　　　　　　　省略不可

発声練習は恥ずかしがらずに
英語は実際に声に出すことが大事。単語や文章を読むときは、はっきりと大きな声を出すこと。声に出すことで、記憶の定着もよくなる

中学校3年生・男の子のノート

演習ノート　正しいスペルを意識しながら書く

英語の演習ノートの場合は、単語だけでなく、英文の練習にも使います。あとで紹介しますが、対訳ノートなどを作って練習する場合、日本語の文章を英文にする場合にも使います。演習ノートは〝消化〟が目的です。単語も、英文もまとめて消化してしまおうということです。

ここでは、やはりスラスラと書けるかを意識します。単語なども書きなぐるくらいでかまいません。ただし、最初のスペルが間違えていないかということには、かなり気をつかうべきです。初めに間違えて書いてしまうと、当然そのあとがすべて間違いとなります。わざわざ、間違っための練習をしてしまう必要はありません。さらに、一度間違えて覚えてしまうと、次に正しいスペルを覚えなおそうとしても、前に覚えたのが邪魔をして、頭に入りにくくなってしまいます。初めが肝心と言いますが、まさにそのとおりだと思います。

そして、前にも書きましたが、好きで始まった英語を「得意」にするためには、努力が必要です。この演習ノートが英単語や英文でびっしりと埋まっていくくらい、どんどん書いていきましょう。この作業をさぼってしまうと、文法は分かっているのに、単語の間違いで点数を落とした、ということにもなりかねません。

また、間違えたところに関しては、次に同じ間違いをしないようにするために、理由などを青コメで残しましょう。

PART7 積み重ねで実力をつける英語のノート

＊演習ノート＊

行間をあけて、解答だけ書いていく

英語のテストでは、スペルミスで点数を落とすケースが意外に多い。
演習問題を解くときに、正しいスペルを意識することが大事だ

1. I said "blue" because we usually call ~~that~~ it "Ao shingo" in Japanese.
2. Water and food were needed.
3. But many of them ~~don't have to live place.~~ had no place to live.
4. They ~~were very hungry and very sad.~~ became really hungry and very sad.
5. But the people ~~are need many help.~~ still need a lot of help
6. How much money did Nanami borrow from Arisa?

11/4
P.18ª

2. (1) ア
   (2) ア
   (3) ア、ア

3. (1) red
   (2) camera
   (3) sick
   (4) how you
   (5) noon
   (6) three
   (7) under

4. (1) ウ
   (2) イ
   (3) ウ
   (4) ウ
   (5) ウ
   (6) ウ

正解を赤ペンで書き直す
他の科目と同じく、間違えた問題は自分の手で正解を書くこと

中学校3年生・女の子のノート

wiノート　自分専用の英和辞書を作る

wiノートはword・idiomの略です。単語や熟語をまとめるノートで、国語でいう言葉ノートにあたるものです。自分専用の辞書を作るというものです。

このノートに書くべきことは①単語、②品詞、③意味の3つが基本です。それに加えて、用例や派生語なども書き残しておくといいですが、あまり煩雑になるようであれば、あえて入れなくてもかまいません。

初めのうちは、**通し番号などを振っていくとたまっていくのがうれしくてどんどんやるという意味では、やる気を出させるとい**う意味では、効果があることがあります。必ずしも通し番号がなければならないわけではないですが、**やる気を出させると**いう子もいます。

中学生の様子を見ていると、中1・2年のときは、1冊のノートで作っていることが多いですね。これは定期テストへ向けて作っているからでしょう。順番が入れ替わることもありませんから、ノートにためていくのがいいようです。

中3になるとルーズリーフの子が多いのも特徴です。おそらく、模試や過去問などで出てきたものをまとめたりと、ため方が変わるからだと思います。完璧に覚えたものは、ルーズリーフから外し、入試前にはすべてを外せるように練習します。

134

PART7 積み重ねで実力をつける英語のノート

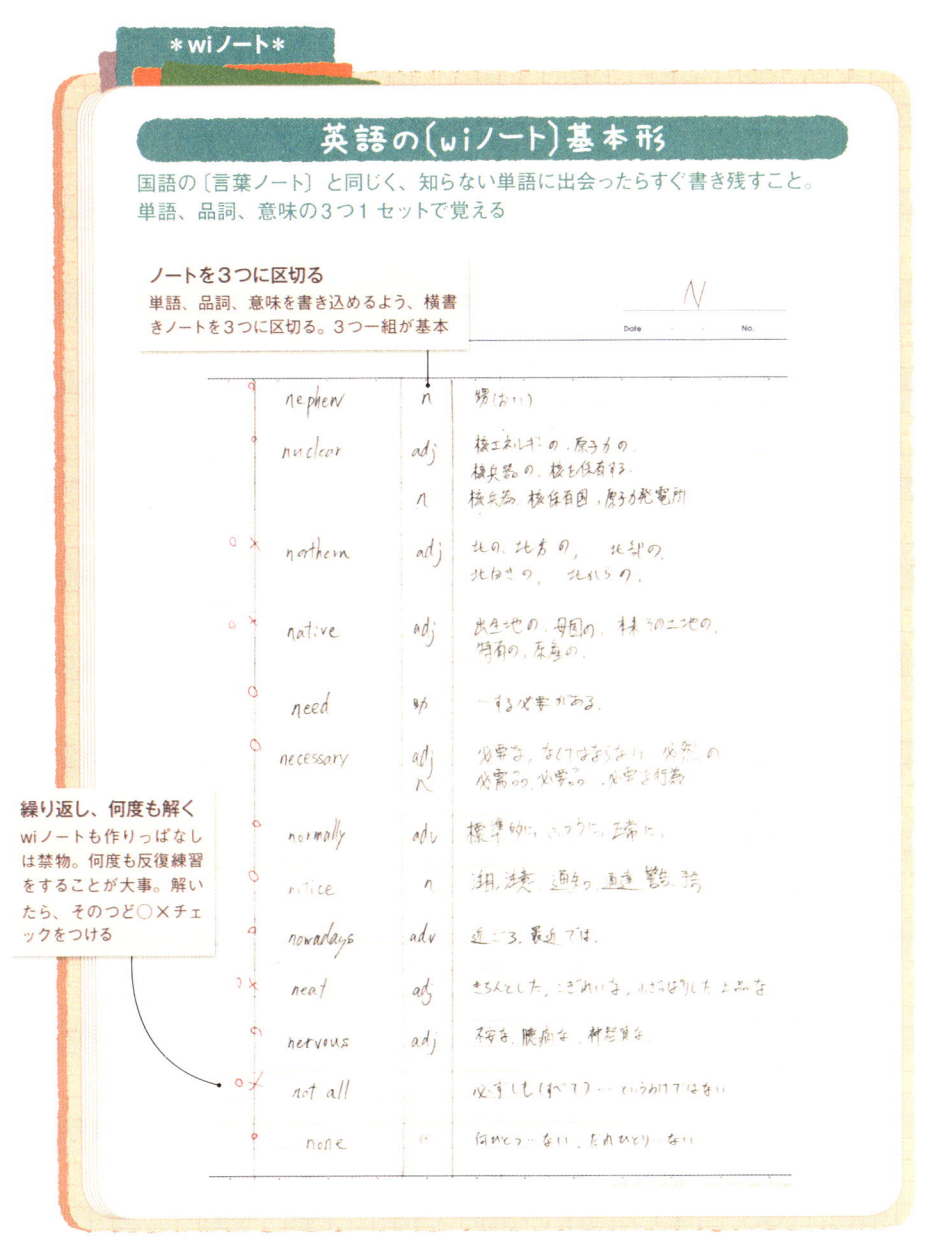

wiノート

英語の〔wiノート〕基本形

国語の〔言葉ノート〕と同じく、知らない単語に出会ったらすぐ書き残すこと。単語、品詞、意味の3つ1セットで覚える

ノートを3つに区切る
単語、品詞、意味を書き込めるよう、横書きノートを3つに区切る。3つ一組が基本

	単語	品詞	意味
○	nephew	n	男(おい)
○	nuclear	adj	核エネルギーの、原子力の、核兵器の、核を保有する
		n	核兵器、核保有国、原子力発電所
○×	northern	adj	北の、北方の、北部の、北寄りの、北からの
○×	native	adj	出生地の、母国の、生まれつきの、特有の、原産の
○	need	助	〜する必要がある
○	necessary	adj	必要な、なくてはならない、必然の
		n	必需品、必要品、必要な物事
○	normally	adv	標準的に、ふつうに、正常に
○	notice	n	掲示、通知、通告、注意、警告、予告
○	nowadays	adv	近ごろ、最近では
○×	neat	adj	きちんとした、こざっぱりした、上品な
○	nervous	adj	不安な、臆病な、神経質な
○×	not all		必ずしも(すべてが)〜というわけではない
○	none		何ひとつ〜ない、たれひとり〜ない

繰り返し、何度も解く
wiノートも作りっぱなしは禁物。何度も反復練習をすることが大事。解いたら、そのつど○×チェックをつける

中学校3年生・男の子のノート

熟語に特化した(wiノート)

熟語のwiノートを作る場合は、左に英文、右に和訳を書くだけでOK。
熟語や慣用句などは覚えることが大切。反復練習をしよう

keep ~ away (from ~)	X〇〇	(~から)~を遠ざける
be junior to ~	〇〇〇	~より年下だ
as (so) long as ~	X〇〇	~の間
hold on	X〇	~のままでいる、つかまっている
on ~ ing	X〇〇	~するとすぐに
lead to ~	X〇〇	~へ導く
such ~ as ~	X〇〇	~のような…
by way of ~	X〇〇	~経由で
begin with ~	X〇〇	~から始める
catch ~ by ~	X〇〇	~の…をつかむ
stand for ~	〇〇〇	~を表す
break into ~	X〇〇	~に押し入る
have only to ~	〇〇〇	~しさえすればよい、~するだけでよい
make fun of ~	X〇〇	~をからかう
a man of one's word	X〇〇	約束を守る人
learn to ~	〇〇〇	~できるようになる
make it a rule to ~	XX〇	~することを習慣としている
keep in touch with ~	〇〇	~と連絡をとっている

中学校3年生・女の子のノート

PART7 積み重ねで実力をつける英語のノート

wiノート

子どもがアレンジした〔オリジナルwiノート〕

英単語のほか、読み方、意味、出典などの項目が追加されたwiノート。
自分専用の英和辞書として活用できる

Q&Aノート

Q

A
① ヨミ・書き
② 訳
③ 意味
④ 出典

月日	No	Q	A
12/7	7	many 問①②③	① メニィ ② 多くの、たくさんの ③ many は数を表す ④ 英検5級 2002-1 ①-(7)
12/8	8	get up	① ゲットアップ ② 起床する、立ち上がる、 ④ 2002-1 英検5級 ①-(8)
12/9	9	about	① アバウト ② 集辺に、近くに、〜についての、およそ ④ 2002-1 英検5級 ①-(9)
12/10	10	take	① テイク ② 〜を手に取る、〜をつかむ取る、〜をへつれていく、〜に乗る、(ある行動)をとる、(賞など)獲得する、〜を講読する、〜を受ける、〜を要する、(写真)をとる、〜をたべる、〜を選ぶ、(科目など)を講じる、〜を取る〜を計る、 ③ 同上 ④ 同上
12/11	11	easy	① イージー ② 困難心配がない、易しい、しやすい、気楽な、くつろいだ、 ④ 同上 (5)

中学校3年生・女の子のノート

対訳ノート　教科書の英文をすべて暗記する

テストでは、90点以上を取ることを目標に学習を進めます。そのためには、予習ないし、授業の復習として、教科書の英文をすべて暗記しておくことが必須事項となります。作り方は、Q&Aノートに似ています。左側のページに英文、右側のページには日本語訳を書きます。

もちろん、慣れてきてから自分なりに工夫することはOKです。子どもによっては、1ページ完結のほうがいいということで、理科などと同じように、縦線一本で2面に分けて左が英文、右が日本語訳とする子もいます。そこは各自のやりやすい形でかまいません。

この対訳ノートも定期テスト前に使うことを考えて、一文ずつ作るようにするといいでしょう。

さらに、一文ごとにナンバリングをしておけば、使いやすくもなります。定期テストの前にそれらを①日本語訳を言える、②英文をなんとか暗唱できる、③スラスラ暗唱できる、④何も見ずに英文を書ける、という手順ですべてを行うことができるようにします。

このノートはテスト前に焦って作っていては、それだけで定期テストが終わってしまいますので、普段から少しずつ作っていくようにします。

①や②だけでも8割、③で9割、④で満点が取れるよ、と私たちでは指導しています。

PART 7 積み重ねで実力をつける英語のノート

対訳ノート

英語(対訳ノート)の基本形

ノートを2つに区切り、左側に教科書の本文、右側に和訳を書いていく。
教科書をそのまま暗記すれば、定期テストで90点以上取れる

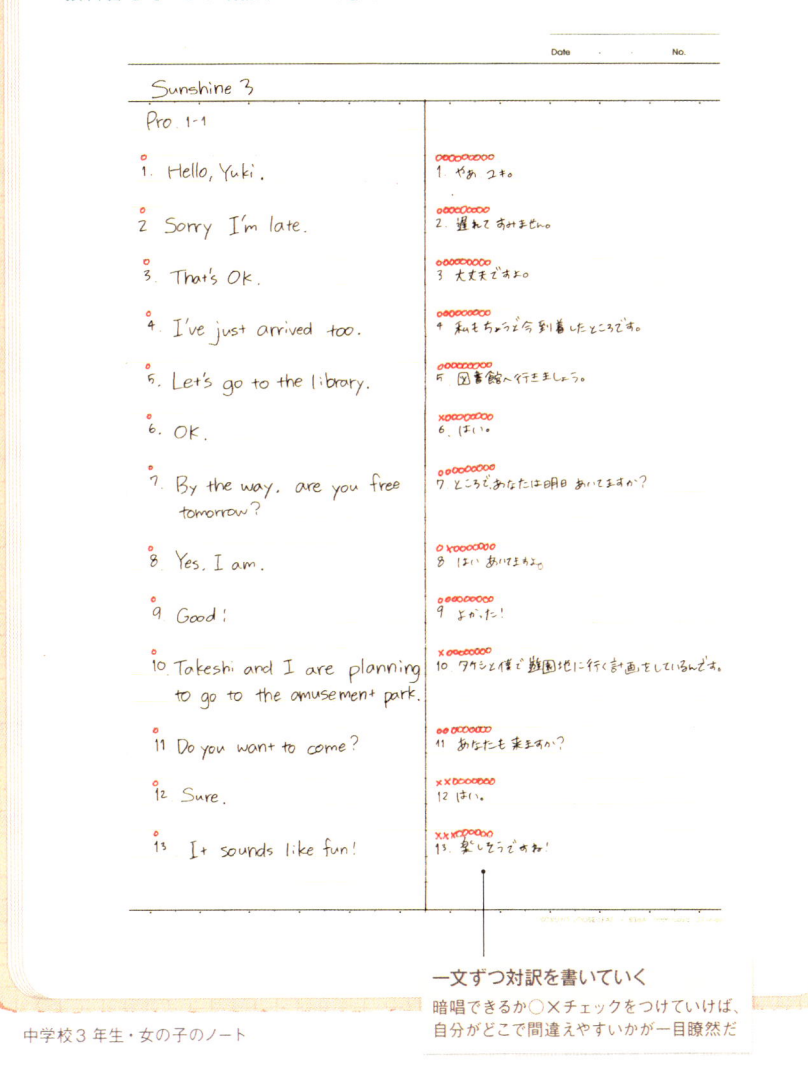

Sunshine 3
Pro. 1-1

1. Hello, Yuki.	1. やあ、ユキ。
2. Sorry I'm late.	2. 遅れてすみません。
3. That's OK.	3. 大丈夫ですよ。
4. I've just arrived too.	4. 私もちょうど今到着したところです。
5. Let's go to the library.	5. 図書館へ行きましょう。
6. OK.	6. はい。
7. By the way, are you free tomorrow?	7. ところで、あなたは明日あいてますか?
8. Yes, I am.	8. はい、あいてますよ。
9. Good!	9. よかった!
10. Takeshi and I are planning to go to the amusement park.	10. タケシと僕で遊園地に行く計画をしているんです。
11. Do you want to come?	11. あなたも来ますか?
12. Sure.	12. はい。
13. It sounds like fun!	13. 楽しそうですね!

中学校3年生・女の子のノート

一文ずつ対訳を書いていく
暗唱できるか○×チェックをつけていけば、自分がどこで間違えやすいかが一目瞭然だ

右ページに全訳
一つの単語も漏らさず、全訳。この文章が何を言っているのか、完璧に理解すること

No.
Date

ジェンキンス氏はスポーツカーを持っていた。彼はそれで速く走るのが大好きだった。全ての道路にスピード制限があった。これが彼の問題だったけれども、警察がつかまえられないと思った時に、彼はとても速く運転をした。ジェンキンス夫人は夫がとても速く運転する時、楽しんでいなかった。なぜなら ジェンキンス氏は前の車で数回事故を起こしたからだ。そのうちの1つの事故で ジェンキンス夫人 までケガをした。警察に自動車専用道路でスピードを出しすぎた為に2回つかまり、裁判所へつれていかれては罰金をはらった。ジェンキンス夫人はいつも夫に言っている「(A)もっと注意して。(B)あなたは運転免許証を失いますよ。」
ある日の午後、ジェンキンス氏と夫人は新しい友人の家のパーティーに招待された。そこはジェンキンス氏の家から 40km ぐらいのところで、ジェンキンス氏は地図を見て1番良い主要の道路を見つけたけれど、それは自動車専用道路ではなかった。「これはいい」と彼は思った。「これなら警察がいなければ 20分 しかかからないよ」彼らは出発して、ジェンキンス氏はいつも通りの速いスピードでずっと運転して、ときどき安全かどうかをミラーを見て確かめた。彼らは何の問題もなく友人の家へ着き、パーティーをとても楽しんだ。それから、10:30に暗くなってから、帰りはじめた。またジェンキンス氏は夜道をとても速く運転した。「スピードを落とさないと雨が降っていたけれども、また事故を起こすわよ。」と妻は警告したが、彼は聞かなかった。突然、彼は彼のすぐ後ろに警察のサインを聞いた。そして、彼についてきていた車が赤いライトをつけて。ジェンキンス氏はすぐに車をとめ、怒りながら車を降りた。「見たまえ、おまわりさん。」彼はすぐにはじめた。「私は注意して、時速 70km を保っていたよ。私はずっとスピードメーターを見ていたから確かだ。」 スピード違反
「本当にそうですか。」と警察が言い、ポケットから本を取り出した。「いえ、私達はそのことであなたを止めたのではありません。私達があなたを止めたのは後ろのライトが1つついていないことを教えるためです。けど、もし、あなたが時速70kmで走っていたのなら、私はあなたにスピード違反通告書を渡さないと。だってこの道路は時速 60km 制限だからね。」

ポイントを書き出す
教科書やテキストには、ポイントとなる言い回しや構文が入っている。対応箇所にラインで印を。

PART7 積み重ねで実力をつける英語のノート

対訳ノート

一字一句残さず和訳し、意味を完璧に理解する

英語学習は、長文の暗唱をするだけでもいい。文章の意味を理解しながら"書ける"レベルまでいけば、定期テストはほぼ満点を取れる

左ページに英文を貼る
教科書やテキストの英文をノートの左側に貼る。日付の記入も忘れずに

X 次の英文を読んで後の問に答えなさい。

　Mr. Jenkins had a sports car. He liked driving it very fast. There were speed *limits on all the roads. This was his problem, but when he thought the police couldn't catch him, he drove the car very fast.

　Mrs. Jenkins did not enjoy it when her husband drove very fast, because Mr. Jenkins had several accidents in his last car. In one of them Mrs. Jenkins' arm was broken. The police twice caught him when he was *speeding on a *motorway, and he had to go to *court and pay a *fine each time. Mrs. Jenkins always said to her husband :

"(A) more careful, (B) you'll lose your *driving license."

　One evening Mr. and Mrs. Jenkins were invited to a party at the house of their new friend. It was about forty kilometers from the Jenkins' home, and when Mr. Jenkins looked on the map, he saw that there was a good *main road most of the way, but not a motorway. "That's good," he thought. "It'll be only twenty minutes' drive if there are no police around."

　They started out, and Mr. Jenkins drove along at his usual high speed and sometimes watched out for police cars in his mirror to *make sure he was safe.

　They reached their friend's house without any trouble and had a good time at the party. Then at half past ten, after dark, they began the return trip. Again Mr. Jenkins drove very fast through the night, although it was raining.

"You'll have another accident if you don't *slow down," his wife *warned him, but he did not listen. Suddenly he heard a police *siren just behind him, and the car (C) him turned on a red light.

　Mr. Jenkins stopped at once and got out of his car angrily.

"Now look here, *officer," Mr. Jenkins began at once, "I was keeping carefully about seventy kilometers an hour. I'm sure of that because I was looking at my *speedometer all the time."

"Is that so, sir?" the policeman said, and took a book out of his pocket. "Well, we didn't stop you for that. We stopped you to tell you that one of your back lights isn't working. But if you were doing about seventy kilometers an hour, I'll have to give you a *speeding ticket, because you may do sixty along this road."

*(注)　limit：制限　　speed：スピードをだしすぎ　　motorway：自動車専用道路　　court：裁判所
　　　fine：罰金　　driving license：運転免許証　　main：主要な　　make sure：確かめる
　　　slow down：速度を落とす　　warn：警告する　　siren：サイレン　　officer：警察官
　　　speedometer：速度計　　speeding ticket：スピード違反通告書

重要な代名詞に印
英語の長文の間違いで一番多いのが、itやthatが何のitやthatなのかの確定。「それ」「これ」と単純なものではなく、じつはとても奥が深いので要注意

中学校3年生・女の子のノート

英語ノートのまとめ

ノートの種類	特徴	対象学年
授業ノート	・重要ポイントだけ書きとめる ・見返しやすいように、行間をあけてゆったりと書く	全学年
演習ノート	・答え合わせのときに派生語や関連語を書いておく ・間違えた理由も書くと効果的	全学年
wiノート	・単語、品詞、意味を一組で覚える ・熟語やイディオムに特化したノートを作るのも◎	中学校1年生 (小学校 6年生)
対訳ノート	・ノートの左側に英文、右に和訳を書く ・意味を完全に理解してから暗唱できるようにして英文まで書けるようにする	中学校1年生 〜3年生

PART8 ただの学力以上の力を培う＋αのノート術

"考えながら書く"を習慣化する

ここまでは各教科別のノート法を紹介してきましたが、ここでは、教科とか成績を超えた、人生を生きるチカラに直結するノート法について書きます。

それは、下記の4つです。

- 1 手を動かして考える
- 2 問題意識ノート
- 3 ラフスケッチ
- 4 日記

- 1 手を動かして考える習慣────何かを考えるときには必ず書きながら考える習慣をつけること
- 2 問題意識ノート────正解を出しづらい問題への理解を深める
- 3 ラフスケッチ────クリエイティブな局面で使える具体的方法
- 4 日記────自分の裸の心と向き合い、自分の言葉を積み重ねる

これら4つのノート法を続けることで、大まかに次の4つの能力を育みます。

1 〔手を動かして考える習慣〕は、壁を突破する力。算数の文章題にせよ、会社の業務の頭打ちの局面にせよ、なんらかの壁を突破したいとき、じっと考えているだけでなく、とにもかくにも図や絵を描いて考えることで打開の道が開けることが多いのです。

2 〔問題意識ノート〕は、子どもたちの先入観や未熟さや思考停止を揺さぶって、人生の諸問

PART8 ただの学力以上の力を培う+αのノート術

題に対する活き活きとした見方を伝え、文字通り問題意識を高めます。

③〔ラフスケッチ〕は、アイデアや企画やオリジナルの文章を生み出すノート術で、想像力を育みます。

④〔日記〕では、自分とは何かを見つめ、借り物でない自分の言葉を積み重ねます。哲学する力を身につけます。

手を動かして考える習慣　良い書き癖をつける

まずは、①の〔手を動かして考える習慣〕です。

勉強ができる子には、"考えながら書く"という習慣が身についています。

かつて、学習指導の研究のために、教室の学習風景をビデオで撮り続けたことがあります。授業中はそれほど意識していなかったのですが、あとになって映像を見てみると、あることに気づきました。できる子とできない子とでは、明らかに"手の動かし方"に違いがあったのです。

少し歯ごたえのある算数の問題を出すと、その差は如実に表れます。できる子は文章を読むか読まないかの時点で、もう手を動かします。図を書いたり、表組みにしたり、極端な数字を代入してみたり。さまざまな試行錯誤を重ね、やがて自らの力で正解にたどりつきます。

一方、できない子は、問題文をじーっと見つめたまま固まっているのです。20分間、身じろぎひとつしません。しびれを切らして声をかけると「分かりません」と答えます。問題を渡してから解き方のヒントをあげると「なるほど」と納得してくれます。しかし、同じ発想法で解ける応用問題を出すと、また固まってしまうのです。

これが"考えながら書く"という習慣です。"書き癖"と言ってもいいでしょう。

子どもたちを見ていると、意外にやんちゃな男の子や、いつも冗談を言ったり、ふざけたりしている子ほど"手を動かす"習慣があります。いたずら好きの子もそう。「とにかく、やっちゃえ」とばかりに、自分のほうから仕掛けていくのです。

また、手を動かしながら考えるペーパーの代表である「迷路」が好きだった子が、先々、良い"書き癖"を身につけているという傾向もあるように思います。第一線で活躍しているプロフェッショナルは、たいてい"書き癖"を持っています。

重要なテーマについて考えるときや、アイデアをまとめるとき、必ず何かを"手で書く"のです。何に書くかは人それぞれ。ノートの人もいれば、ホワイトボードに書く人もいます。中には、縦横1メートルくらいの紙を壁に貼って、マジックでひたすら書き続けるという人もいます。そこに、キーワードだけ並べる人もいれば、概念図やフローチャートを書く人、イラストで表現してしまう人もいます。

たとえば、元・東北楽天ゴールデンイーグルスの野村克也監督も、指導理論や選手個別の育成

146

PART8 ただの学力以上の力を培う+αのノート術

問題意識ノート
自分の意見をまとめ、的確に伝える

法を『野村ノート』に書き残しています。サッカー日本代表の中村俊輔選手も17歳のときから、自分の弱点や試合で負けた悔しさ、そして悩みをノートに書いています。いずれも共通しているのは、自分の考えや感覚を出力しているということ。彼らは"手で考えている"と言ってもいいくらい、労を惜しまず書いていくのです。

〔問題意識ノート〕は、新聞記事などを読み、それに対する"大人の意見"と"自分の意見"を書くノートです。目的は、まさに「問題意識を高めること」。テレビの中、新聞の上にある「人ごと」と思っている事件や事実の「裏」「ものの見方」を伝えることで、子どもの心を揺さぶり、あらゆる問題が自分につながっていて、重要でほっとけないことを知り、好奇心と人生への意欲を引き出すのです。国際問題や税金、政策の話、テーマは何でもかまいません。

「うちの子は政治経済には興味がない」
「新聞なんて読めるはずがない」
「社会問題の話をしたところで、難しすぎて分からないだろう」
「子どもに新聞を読ませることに違和感を覚える方もいるでしょう。しかし大人が自分勝手に「まだ早い」「分かるわけがない」と、子どもたちを社会から隔絶することのほうがナンセンスです。

いま社会で何が起こっているのか。その話題・事件が自分たちの生活にどんな影響を与えるのか。そして、大人たちはそれをどのように考えているのか。じつのところ、子どもたちはそれをとても知りたがっています。

子どもたちが社会に興味を持たないのは、大人が〝本音〟で語ってくれないからです。

「この新聞記事には、こんな背景があるんだ。だから、みんな大騒ぎをしているんだよ。だけど、私はこう思うんだ」

もし、お父さん・お母さんが記事内容を掘り下げて説明をしてあげれば、途端に子どもの目は輝き出します。

比較的難しいテーマについて、大人が本音トークで読み方や意見を分かりやすく伝えることは、第一に子どもの心をゆさぶります。「面白いなあ」と感じ、社会の一員として諸問題を主体的に考えるようになります。

そのトレーニングにうってつけなのが〔問題意識ノート〕です。

左ページに新聞記事を貼り、右ページに〝大人の意見〟と〝自分の意見〟を書いていきます。

ポイントは、「お父さんは、この問題についてこう考えている」「お母さんは、こうだと思うわ」と、はっきり意見を伝えること。

「よく分からない」「どっちでもいいんじゃないか」「何とも言えないよ」と曖昧な感想を伝えてはいけません。かといって、ありきたりな、聞こえの良い意見だけ言うのもダメ。中途半端な意

148

PART 8 ただの学力以上の力を培う+αのノート術

問題意識ノート

自分の意見をまとめる（問題意識ノート）

新聞記事をもとに、他人の意見に耳を傾け、自分なりの仮説を立てるトレーニング。社会に対する主体性を鍛えるのに有効だ

新聞記事を貼る
テーマは何でもよい。ニュースに限らず、社説やコラムでも可

（京都議定書／日本、批准を閣議決定／CO_2削減へ 発効は露の参加カギ）

高濱先生の読み方・考え方

自分の意見・考え方

親や先生の意見をまとめる
記事に対して、親や先生がどう考えているかを端的にまとめる

自分の意見を書く
記事、親・先生の意見を踏まえて、自分がどう思ったかを表現する

見を聞いても、子どもは退屈するだけです。

なぜ、その問題が新聞で大きく取り上げられているのか、その背景まで教えてあげられるとベスト。そのうえで"大人の意見"をまとめさせ、"自分の意見"を書かせます。

短いながらも、的確に要点をつかんだ文章を目指します。自分の意見を分かりやすく、的確に表現する練習になります。

どんな記事を選ぶかは自由です。

たいていの記事は"絶対に良いとも悪いとも言い切れない問題"であることでしょう。当たり前の話ですが、世の中のほとんどの問題には"絶対と言える正解"がありません。ベターな答えを導き出すために、「ひょっとしたら、こうかもしれない」と仮説を立ててから、取り組む必要があります。

客観的な事実だけを書いてあるように見えても、じつは社会のパワーゲームのいろいろな制約の中にあることを示し、「本当はこういうことだとパパは思う」と言いきってほしいのです。子意見が偏るのではないかと心配されると思いますが、あまりナーバスにならなくて大丈夫。子どもたちは、あっちに行ったりこっちに行ったり、さまざま遍歴を経て、自分なりの視点や意見を獲得していくものだからです。逆に、少ない情報で自分の意見を定めるほうがかえって危険ですし、「まずは親の本音を知る」のが原点のはずです。

〔問題意識ノート〕によって**仮説思考と表現力をトレーニング**した子は、きっと社会に対して主

150

PART8 ただの学力以上の力を培う+αのノート術

ラフスケッチ アイデアをゼロから生み出す

体的にかかわりを持てる人間になることでしょう。

[ラフスケッチ]は、アイデアをまとめたり、思考を深めたりするときに使うノートです。ここでいうラフとは、発想や構想をおおまかにまとめたもの。キーワードを線でつなげただけの概念図や、言葉と矢印だけで作ったフローチャートなどです。

アイデアをゼロから生み出すとき、あるいはプロジェクトを推進させるためのシナリオ作りに欠かせない作業の一つです。

私自身、原稿を書くときや、新しい仕組みを考えるときは、必ずこのノートを取るようにしています。これをやるとやらないとでは、原稿やアイデアの完成度・仕上がりスピードが格段に違います。

自分だけに分かるように、思考を言語化し、その関係性や筋道を可視化させていくメモであるため、自明なことや分かっている前提条件は省略していきます。**細部にこだわらず、スピード感をもって一気に描くのがポイント**です。

最大の特徴は、横で見ている人には〝一体何を描いているのか分からない〟こと。

しかし、本人は手を動かしながら「これがこうなって、これがこうだから……」と考えている

ため、やればやるほどアイデアが整理され、思考が深まっていきます。

これは、頭の中で断片化している情報を"有機化"する作業でもあります。

じつのところ、社会と理科の章で解説した【まとめノート】でやっていることと似ています。

しかし、あのノートと異なるのは"残さないノート"である点。

【ラフスケッチ】は、時間が経過してから見直すことはほとんどないので、自分さえ分かればかなり汚い字で書いてもかまいません。むしろ、考えがまとまった時点で捨ててしまってもいいくらいです。

この書き出すという行為には、思考の重要度や、やるべきことの優先順位が分かるという効果もあります。頭の中にあるものをバーッと書き出すことで、「ああ、これは大事なキーワードだったんだな」とか「そうか。さきに、こっちを考えたほうがいいのか」と気づくのです。

頭だけで考えているときは、あまりに自明すぎて重要度が分からなくなっていることがあります。逆に、これは大事だと考えていることが、じつは自分以外の人には大して重要ではないこともあるでしょう。そういったことが、文字化のプロセスを経て「ああ、そうだったのか」と、明らかになっていくのです。

ラフスケッチを描くときは、紙を大きく使います。小さなノートだと、上手にまとめきれなかったり、思考に広がりが生まれなくなったりするからです。やるからには、ダイナミックかつスピーディに、集中力をもって描いていくのがコツです。

152

PART8 ただの学力以上の力を培う+αのノート術

ラフスケッチ

アイデアを生み出す（ラフスケッチ）

私が問題を作るときに使ったアイデアノート。自分が分かればそれでいいので、丁寧さよりもスピードを重視する

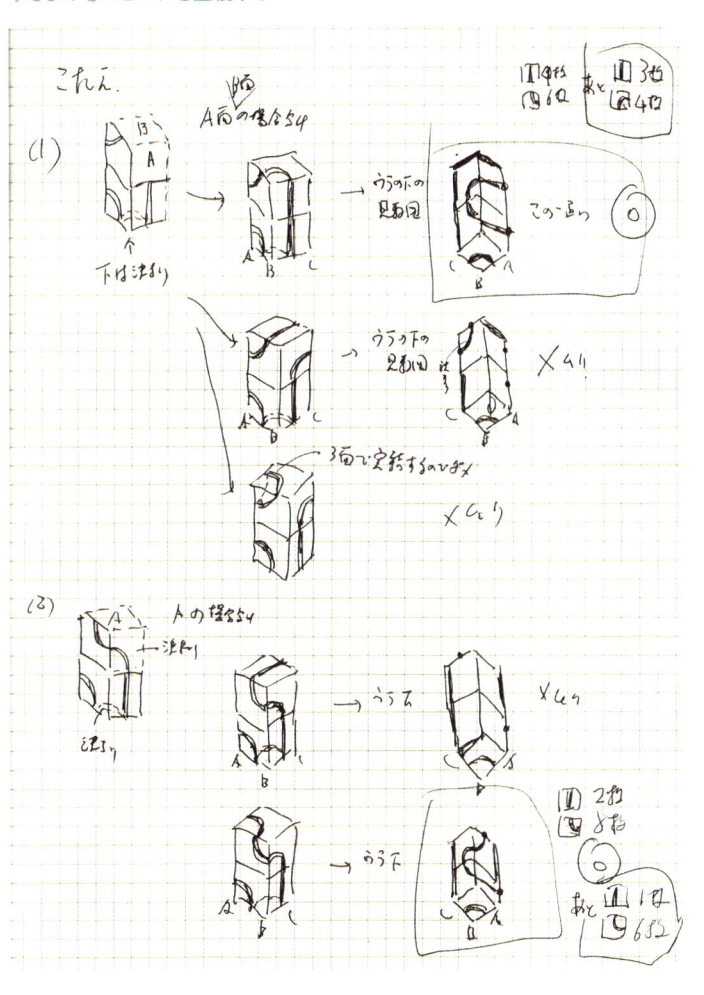

[日記] **思春期に書くことがおすすめ**

プラスαの力を育むために、最もおすすめなのが〔日記〕です。特に、10代前半から始まる思春期には、ぜひ〔日記〕を書いてほしいのです。

思春期の子どもにとって、最も大切なのは〝秘密〟です。中学校に上がるころから、子どもたちは、さまざまな秘密を持ち始めます。

思春期は、日々、人間関係の悩みや、親はもちろん友だちにも言えない本音が生まれ出る時期です。そういったモヤモヤを発散する場として、〔日記〕が必要なのです。

この〔日記〕は、自分との真摯な対話を積み重ねたものです。しかるべきタイミングで十分な対話をしていないと、自分を客観的に見る力が培われないし、つまりは「哲学できない人」になってしまいます。逆にいえば、日記をつけることで〝自分が本当に大切にしていることは何か〟〝本当の自分はどんな感想・感情を持っているのか〟が分かるようになります。

たとえば、思春期はとにかく異性が気になる時期です。しかし、そんな本音をおおっぴらに言えないこともあります。

友だちに「気になるよな」と言われても、つい格好つけて「そんなことないよ」と言い返しまう。すると「なんだよ、生徒会長面しやがって。本当はあいつだって気になってんだぜ」とからかわれます。

PART 8 ただの学力以上の力を培う+αのノート術

「関係ないよ。そういうの、やめてくれる?」と強がっても、本当はそのことで頭がいっぱいなわけです。そして家に帰って、[日記]に「本当は気になる」とか「あいつ、バカにしやがって。ぶん殴ってやる」といった本音を書いていきます。かと思えば、次のページには、あり得ないくらい気高く美しいことを書き始めます。

いずれも、翌日に読み返せば、かなり恥ずかしい文章です。

しかし、[日記]とはそういうものなのです。自分の感情を言語化し、本音や理想の間を行き来することを通して、「そうか、女の子が気になっているんだ」「かっこつけずに本音を言っちゃうあいつがうらやましいのかな」といった無意識の部分が見えてきます。これが将来、**自分を客観的に観察し、社会を観察し、哲学する力につながっていく**のです。

この秘密は、彼らにとって"世界中の何よりも大切なもの"です。ですから、お父さん・お母さんに強くお願いしたいことがあります。

「絶対に、子どもの日記を見ないでください」

もちろん親の心情としては、どうしても気になるもの。つい、お父さん・お母さんのこうした行動が、ときに子どもを深く傷つけ、せっかく伸ばそうとしている芽をつぶしてしまうことがよくあります。

では、親は子どもたちにどう接すればいいのか。次の章でそれを解説していきます。

PART9 お父さん・お母さんにしてほしいこと

お父さん・お母さんにできる二つのこと

「我が子には、持っている才能を発揮してほしい」

おそらく、すべてのお父さん・お母さんがそう思っていると思います。ましてや、自分の子ども才能を潰そうとする親なんていないでしょう。

しかし、せっかく出てきた芽を無理に伸ばそうとして引っ張ったり、水を与えすぎて腐らせてしまうことは、意外によくあります。良かれと思って口に出した一言が、大切な我が子の芽を摘んでしまう可能性すらあります。

お父さん・お母さんは、子どもたちにどんなことをしてあげればいいのでしょうか。

小学校3年生まではたくさんあります。

まず、9歳までは積極的に"外遊び"をさせてください。空間認識力や図形認識力といった"イメージする力"は、学校や塾では教えられないものの一つです。自然の中で五感をフル活用して、さまざまなものを自分の手で触れることこそ、イメージ力の源泉になるからです。

また、異年齢同士で遊ぶことも大切。上の年齢の子と遊べば、思考の枠組みが広がります。下の子と接すれば"教える"体験ができます。他者に教えるためには、要点を確実につかみ、相手の理解度を推し量りながら、論理立てて表現していく必要があります。要約力や論理性がなければ"教える"ことはできません。

PART9 お父さん・お母さんにしてほしいこと

教育心理学では、生徒に先生役をやらせることを「仮想的教示」と言いますが、異年齢の子に接することは、遊びながらそれを体験できるメリットがあるのです。

ほかにもまだまだあるのですが、『小3までに育てたい算数脳』で詳しく述べたので、ここでは割愛します。

では、小学校4年生より上の子どもに対しては、どうでしょうか。

結論から言います。

小学校4年生以降になると、親にできることはほとんどありません。

あえて挙げるなら、大きく二つあります。一つは「優しく見守ってあげること」。もう一つは「良い師匠を見つけてあげること」です。

親というのは、我が子のことを思って、つい口うるさく言いたくなるものです。でも、そこをじっと我慢。特に10歳以降の子どもに、小言を言うのは逆効果。どんなに心配でも、口出しを控え見守るのが一番です。

あるアンケート調査が、それを物語っています。

東京大学に合格した学生たちに、家族構成や親の年収などさまざまな質問に答えてもらった調査結果です。 勉強ができる子の家庭環境は、どのようなものでしょうか。

結局、東大合格者の家庭環境は、かなりバラバラでした。長男長女もいれば、次男次女、末っ子や一人っ子もいます。大家族の子や母子家庭の子、裕福な家の子もいるし、貧しい家庭の子も

いました。しかし、二つの設問に対しては、全員が同じ解答をしたそうです。

一つは、「勉強しなさいと一度も言われたことがない」ということ。もう一つは、「お母さんがいつもニコニコしていた」ことです。

ここで「東大に合格するくらいだから、そもそも勉強ができたはず。だから、勉強しなさいっていう必要がなかったんだわ」なんて思わないでください。

ここに思春期の接し方の秘訣があります。

良い師匠を見つけてあげる

勉強しなさいと一度も言われたことがない。

低学年のころも含めて「一度もない」というのは、本当にすごいことです。ひょっとしたら、本人の勘違いもあるかもしれません。しかし、少なくとも「思春期以降は一度もない」というのは、事実だと思います。

思春期の特徴として〝親の言うことに反発したくなる〟というものがあります。親が強く言えば言うほど「分かってるよ。うるさいな」と反抗するのです。

中学受験を控えた親御さんの中には、ときどき「すべての科目を自分が教えよう」という人がいます。

160

PART9 お父さん・お母さんにしてほしいこと

しかし、それは無理です。親の学力や指導法などの問題ではありません。じつは、どんなにできる子でも〝10歳以降は、親が言うとアウト〟なのです。

これまで繰り返し述べてきたように、勉強は子どもが主体的にやることに意義があります。無理矢理やらせることは、まったく本質的ではありません。付きっきりで、どんなに真剣に教え込んでも、子どもたちは心のどこかで「あっちに行け。俺は自分で外に出て先生に教わってくるよ」と反発しているのです。

それでも素直な子は、表面上は親のいうことに従います。しかし、それはあくまで〝ふり〟をしているだけ。勉強を強制すればするほど学習に対する主体性を失い、小6・中3になって図形問題や思考問題でつまずいたときに、しなやかに考え抜くことができません。

つい「素直な子＝良い子」と考えがちですが、素直であることと親に従順であることは違います。思春期のころになっても、親の指示がないと行動できないのは問題です。親の役割とは、将来、我が子が独り立ちできるようにすること。しかし、親が口出ししすぎると自主性が育ちません。

では、この年代の子どもには、勉強を教えるのができないのかといえば、もちろんそんなことはありません。

前にも述べましたが、この時期の子どもには、面白い特徴があります。

家族からの強要には、不思議と〝外部の第三者〟の話は素直に受け入れるのです。

親から「勉強しなさい」と言われると「うるさいなあ」となるのに、近所のお兄ちゃん・お姉ち

やん、家族以外の尊敬する大人に「勉強したほうがいいよ」と言われると、「はい。分かりました」と素直に聞き入れるのです。

これが、思春期の最大の特徴であり、健全な姿です。

中学や高校のできる子は、たいてい学校の先輩から「こういう勉強をしたほうがいいぞ」と教わっています。その先輩ができる人であれば、見違えるほど伸びていきます。

いわゆる難関校が東大合格者を輩出している理由は、そこにもあります。先輩から代々受け継がれている勉強法があり、子どもたちはそれを素直に実践しているのです。

ですから、4年生以降の子には〝良い師匠を見つけてあげる〟ことが大切なのです。

良い師匠を見つけたら、一番大切な親の役割は終わっています。なんだか寂しいと思われるかもしれませんが、自主自立へ向けて歩みだしたのですから、喜ばしいことなのです。応援してあげましょう。

ニコニコお母さんの横に、聞き上手のお父さん

東大生のお母さんは、いつもニコニコしていた。

これは、私自身の経験からも、強く実感していることです。

いわゆるできる子のお母さんは、必ずといっていいほど精神状態が安定しています。

PART9 お父さん・お母さんにしてほしいこと

そういうお母さんは、子どもを温かく見守って、短所を補完するよりも長所を伸ばすことに意識をおいています。感情的に叱ることはもちろん、「どうなっても知らないわよ」など、突き放した言い方を絶対にしないのです。

逆に、伸び悩む子のお母さんは「何回言ったら分かるの!」「どうしてこんなものもできないの。バカじゃないの」とヒステリックに叱るケースが多いのです。

ではなぜ、東大生のお母さんはニコニコしていられたのでしょうか。

そうはいっても、お母さんも人間ですから、ちょっと不機嫌になったり、思わず大声で叱りそうになったこともあったはずです。24時間365日、常に機嫌が良かったわけではないでしょう。

それなのに、なぜ「お母さんはいつもニコニコしていた」と子どもが記憶しているのか。

これは、大きな問題とかかわっています。問題とは、「現代の地域が崩壊した核家族社会の中で、母親は、孤独で支援のない子育てに追い込まれている」ということです。高濱著『孤母社会』(講談社)を読んでいただければ、詳しく書いてありますが、問題はその母親も二代目三代目になってしまって、人に頼ることを思いつかずに、子育ては母がひとりでしょい込んでイライラしながらやるものだというイメージを内面化してしまっているお母さんが多くなっていることです。

支え手のない、支援のない子育てを強いられ、心が不安定になっているお母さんが多くなっていることがあります。それは、夫がくつろいで新聞などを読んでいると、イラッとするということです。

自分は24時間365日認められることのない家事を「母親なんだから当たり前でしょう」と思わ

れながらがんばっている。そのことへのねぎらいも思いやりも感じられないとき、このような病んだ状態になるのです。そして、それは私が眺めるところじつに多くの主婦に蔓延してしまった病状です。

心に余裕がないのです。

心に余裕のないお母さんが、今とても多いのです。

それは、『孤母社会』に書きましたが、夫婦関係の問題でもあります。孤独で地域の母同士・女同士の支援がない追いつめられた子育てへの、夫の無理解。そういう夫を味方に引き込むどころか、どんどん突き放してしまう妻側の「夫操縦力」の低下。そしその原点に横たわる「男と女の違い」を違いとして冷静に見極めて対処（異性という別の生き物として相手の本質に合わせて話したりかかわったりすること）する「人間力の低下」です。

そういう状態が平均的な姿ですらある現代に、ニコニコ母さんでいられるとはどういうことなのでしょうか。とても我慢強い人なのでしょうか。

いいえ、それは「心の支え」をつかむことができた人です。

いろいろなパターンがあります。一つは、「父親が聞き上手」であるタイプ。営業系など人間相手の仕事の人に割合多いのですが、異性である男性としてはまったく面白くもない女性特有の「とりとめのない話」を、そうかそうなんだと承認の信号とねぎらいの信号を発しながら聞ける人です。

164

PART9 お父さん・お母さんにしてほしいこと

男子進学校出身理系パパなどは苦手項目かもしれません。苦手と意識していればまだ良いのですが、女性の「聞いてほしいだけ」が理解できなくて、論理的に整理したり結論を急ごうとしたり、下手をすると論破する人がいますが、お互いに不幸になるだけです。異性を学ぶ・異性を理解するということは、今や勉強以上に大事なテーマかもしれません。

そんな理想的なパパでなくても、心を許せるママ友をつくれると、顔の表情が輝き、楽になれる人も大勢います。たいてい、幼稚園の役員などに積極的に入っていける人です。たくさんさん、女性同士で「ひどいねぇ」「すごいねぇ」とおしゃべりタイムをつくれた人です。これはずいぶん穏やかな心を取り戻せます。

長年見ていると専業主婦の方が危ないかもしれません。また、働き出し、別の「認めてもらえる居場所」をつかんだことで、心が安定するお母さんもたくさん見てきました。

いずれにしろ、毎日心を許した人とお話をたくさんして、お互いを認め合い、思いやりやねぎらいを感じることで、女性は安定するように見えます。気にしてくれる人・気遣ってくれる人・共感してくれる人を、必要としているのです。

ニコニコ母さんとは、何らかの形で、そういう人間関係を手に入れることができた人です。

つまり、**一番大事なのは、作り物ではないお母さんの心の安定を手に入れることなのです**。そういう母さんが子どもに向けるまなざしは、本来何も力まなくてもそうである「いとおしい」まなざしになっている。それが、子どもから見ると「いつもニコニコしていた」「子どもの存在自体

165

ということなのでしょう。

まず、母の心の安定ありき。それは周りの人間関係で決まる。どうか、そのポイントを夫婦で共有して確認してほしいと思います。そしてできれば、地域なき現代においては、「将来の子どものために」父親こそが、まず母親の聞き手・支え手であってほしいと思うのです。

子どもの知力を伸ばすために大切なこと

子どもの能力を伸ばすために、我が師と仰ぐ教育者・上里龍生先生が提唱されている運動を紹介します。

それは〝よかったね運動〟です。

何があっても「よかったね」で終わらせること。テストの点数が悪くても、たとえば「間違えたところが分かったの。よかったね」と前向きな言葉をかけてあげるのです。

子どもの芽をつぶす最大の要因は「なにやってるの」「なんで、こんなの間違えるの」「あんた、バカじゃないの」といったお父さん・お母さんのNGワードです。

そういう何気ない言葉が、子どもたちをネガティブモードにいざないます。そういう親の言葉を聞いているうちに、「自分はできないんだ」と思い込み、主体性や積極性を失っていきます。

そして、何かにつまずいたときに、大きく挫折してしまうのです。

PART9 お父さん・お母さんにしてほしいこと

勉強ができる子の特徴として"根本的な自己像がプラスになっている"ことが挙げられます。問題が解けなくて苦しんだり、テストで失敗することはよくあるのですが、彼らは決してあきらめません。なぜなら、「今回はたまたまできなかっただけで、本当はできるはずだ」というメンタリティを持っているからです。

これは、勉強に限った話ではありません。どんなことにでも「おや、これってどういうことだろう？」と興味を持って接するため、見識が広いし、物事に対して柔軟に接することができるのです。

挫折しない秘訣は"理屈抜きの自信"です。毎日「今日も良い一日だった」と思わせることが、子どもの自信につながっていきます。そのため"よかったね運動"は勉強のためというよりも、将来、子どもに自分の人生を楽しんでもらうために、絶対に欠かせない接し方といえるでしょう。

これは、お母さんの心に余裕があってはじめてできる運動です。お母さんにいつもニコニコしてもらうために、お父さんの協力が不可欠です。

また、**"親が率先してやる"**ことも大切です。

子どもとは、本質を感じ取る生き物です。彼らは、親の行動を本当によく見ています。よく「子どもが本を読まない」という相談を受けます。そういう子は、たいてい親が読書の習慣を持っていません。家庭に1冊も本がないのに「読みなさい」と言っているわけです。逆に、親が読書好きだと、子どもが本を読む確率は、明らかに高くなります。

「子どもは親の背を見て育つ」とはよく言ったもので、子どもたちは親の行動からさまざまな情報をインプットしているのです。
そのため、1回限りや思いつきのスタンドプレーは通用しません。子どもに何かをやらせようと思ったら、まず〝親が率先してやる〟ことが重要です。

おわりに
できる子ほどノートをどっさり作る

ここまでノートの重要性と、その基本的視点、各教科ごとの作り方の事例を示してきました。

しかし、最後に強調しておきたいことがあります。それは、途中でも述べましたが、あくまでこれは一例であって、「自分の頭に活き活きとした知識として残す」という目的のためならば、どんどんオリジナルな形にしてよいということです。というよりも、むしろ、これまで優秀な子たちほど、必ずと言ってよいほど、オリジナリティにこだわったノート作りへと発展させたものです。

一例を示しましょう。2010年2月の入試で、筑波大学附属駒場中学校に合格したT君のノートです。

まず左の図1は、算数の復習ノート。私の指導では、A4ルーズリーフ片面に、問題・解答・できなかった理由・今後に活かす教訓（ポイント）を書くことになっていましたが、T君は、片面に問題のみ。裏面に解答。長くなったら平気で2枚目へ。「ポイント」や「理由」は、書いたり書かなかったりです。

170

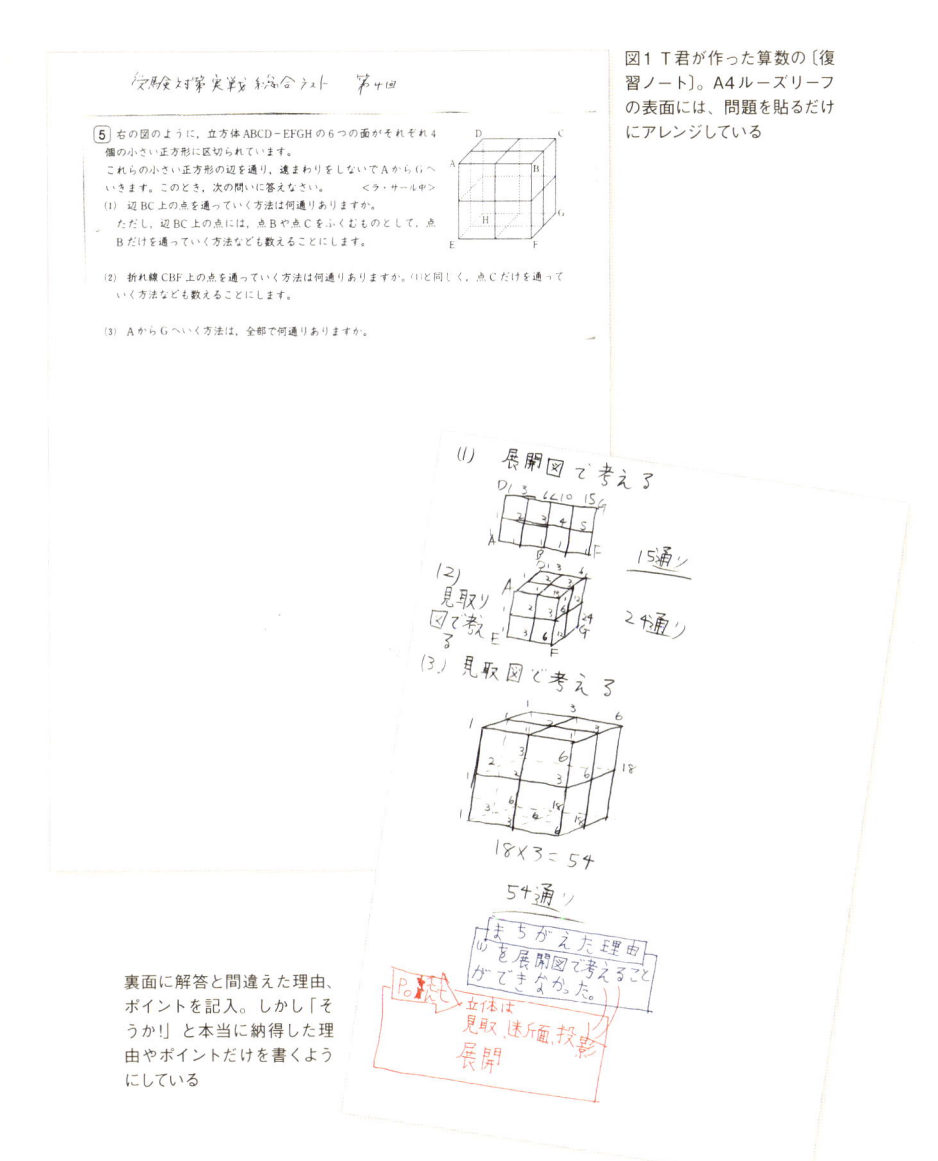

図1 T君が作った算数の〔復習ノート〕。A4ルーズリーフの表面には、問題を貼るだけにアレンジしている

裏面に解答と間違えた理由、ポイントを記入。しかし「そうか!」と本当に納得した理由やポイントだけを書くようにしている

それは、もちろんサボっているのではなく、極めてよく考えている証拠です。彼は、問題のすぐ下に解答があると、つい目に入ってしまってヒントのように見えてしまったりするのが嫌なのでしょう。また、本当に心から納得した理由やポイントでない限り、形式的に書いても意味がないと考えたのでしょう。

このような知性の躍動を感じられるノートこそが、本当に素晴らしいノートなのです。

図2は、T君の演習ノートです。まず表紙のナンバーにびっくり。6年生の一年間だけで、60冊もの演習ノートを使用しているのです。このあたりの努力をいとわない精神力・集中の持続力は、ただ者ではないものを感じます。字などきれいである必要はないと、確信したようなスピード感も感じる一方、最後のほうになると、妙に詰めた字で書き込んでいます。これは筑波大学附属駒場中学校の例年の解答用紙の記述・計算欄が小さいことに的を絞って、その練習に徹していることなのだと分かります。

ここでも「考えて」ノート学習をしていることがありありと感じられます。

図3（次ページ）は、私は特に指導していない「理科の復習ノート」です。国語や社会に比べて、理科のある分野については、この算数と同じ復習ノートはとても効果的です。教育心理学でいう「学んだ学習法の『転移』」ということになるでしょうか、自分の頭で必要と考えて、「よし、算数と同じようにやってみよう」と行動に移した

172

図2 試験直前の演習ノートでは、字を詰めて書いている。彼は希望中学校の受験対策として、自発的に小さい字を書く練習を始めた

1年間で作った演習ノートは、じつに60冊(!)。しかもすべて安定した集中力で書かれていた

図3 理科の〔復習ノート〕。「算数の復習ノートを使ったほうが分かりやすいぞ」と自分の頭で考えて作ったノート

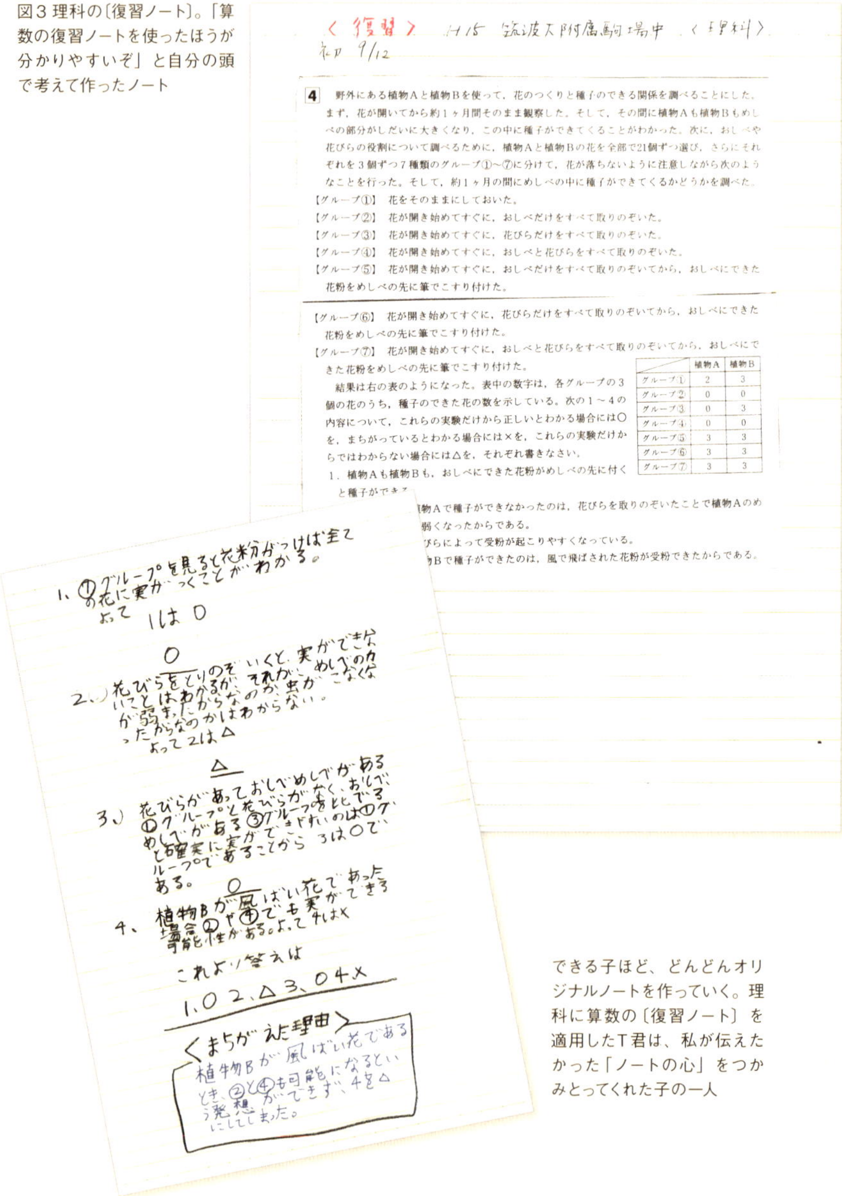
〈復習〉 H15 筑波大附属駒場中 〈理科〉
初 9/12

4 野外にある植物Aと植物Bを使って，花のつくりと種子のできる関係を調べることにした。まず，花が開いてから約1ヶ月間そのまま観察した。そして，その間に植物Aも植物Bもめしべの部分がしだいに大きくなり，この中に種子ができてくることがわかった。次に，おしべや花びらの役割について調べるために，植物Aと植物Bの花を全部で21個ずつ選び，さらにそれぞれを3個ずつ7種類のグループ①〜⑦に分けて，花が落ちないように注意しながら次のようなことを行った。そして，約1ヶ月の間にめしべの中に種子ができてくるかどうかを調べた。

【グループ①】 花をそのままにしておいた。

【グループ②】 花が開き始めてすぐに，おしべだけをすべて取りのぞいた。

【グループ③】 花が開き始めてすぐに，花びらだけをすべて取りのぞいた。

【グループ④】 花が開き始めてすぐに，おしべと花びらをすべて取りのぞいた。

【グループ⑤】 花が開き始めてすぐに，おしべだけをすべて取りのぞいてから，おしべにできた花粉をめしべの先に筆でこすり付けた。

【グループ⑥】 花が開き始めてすぐに，花びらだけをすべて取りのぞいてから，おしべにできた花粉をめしべの先に筆でこすり付けた。

【グループ⑦】 花が開き始めてすぐに，おしべと花びらをすべて取りのぞいてから，おしべにできた花粉をめしべの先に筆でこすり付けた。

結果は右の表のようになった。表中の数字は，各グループの3個の花のうち，種子のできた花の数を示している。次の1〜4の内容について，これらの実験だけから正しいとわかる場合には○を，まちがっているとわかる場合には×を，これらの実験だけからではわからない場合には△を，それぞれ書きなさい。

	植物A	植物B
グループ①	2	3
グループ②	0	0
グループ③	0	3
グループ④	0	0
グループ⑤	3	3
グループ⑥	3	3
グループ⑦	3	3

1．植物Aも植物Bも，おしべにできた花粉がめしべの先に付くと種子ができる。

…植物Aで種子ができなかったのは，花びらを取りのぞいたことで植物Aのめ…弱くなったからである。

…びらによって受粉が起こりやすくなっている。

…物Bで種子ができたのは，風で飛ばされた花粉が受粉できたからである。

1. ①グループを見ると花粉がつけば全ての花に実がつくことがわかる。
よって 1は○

○

2.) 花びらをとりのぞいくと、実ができないことはわかるが、それが、めしべの力が弱まったからなのか、虫がこなくなったからなのかはわからない。
よって 2は△

△

3.) 花びらがあっておしべめしべがある①グループと花びらがなく、おしべめしべがある③グループを比でると確実に実ができずれいのは①グループであることから 3は○である。

○

4、 植物Bが風ばい花であった場合②や④でも実ができる可能性がある。よって 4は×

これより答えは
1.○ 2、△ 3、○ 4×

〈まちがえた理由〉
植物Bが風ばい花であるとき、②と④も可能になるという発想ができず、4を△にしてしまった。

できる子ほど、どんどんオリジナルノートを作っていく。理科に算数の〔復習ノート〕を適用したT君は、私が伝えたかった「ノートの心」をつかみとってくれた子の一人

のです。このあたりの柔軟性も、できる子の特徴です。

このように、伸びた子は、教えられた型にこだわって、唯々諾々と従うのではなく、私が伝えたい大事な「ノートの心」をつかみとり、自分の頭に記憶しやすい・より生きた有機的知識になりやすいと感じたら、即座に自分なりのやり方に塗り替えて発展させていくのです。

この主体的で意欲あふれる態度があって、初めて、ここまで学んだノート法は、本当の意味で子どもの力になります。形式をまねることから始めてかまいませんが、目標は、T君のような自由自在なノート作りであるということを、最後に確認しておきます。

これまであまり、ノートの意味や作り方を、深く考えたことがなかったという保護者とお子様が、この本がきっかけで、より意味のある効果的なノート作成に踏み出すきっかけになれば幸いです。それは、一生の学習力の支えになるでしょう。

最後に、この本は実務教育出版の堀井太郎さん、ブリッジワークスの渡部睦史さん・安藤大介さんの協力がなければ、形になりませんでした。ここに感謝いたします。

二〇一〇年三月
高濱正伸

高濱正伸

算数オリンピック委員会理事、花まる学習会代表。1959年熊本県生まれ。東京大学・同大学院卒。1993年、「数理的思考力」「国語力」「野外体験」を重視した、小学校低学年向けの学習教室「花まる学習会」を設立、好評を博す。
主な著書に『算数脳パズルなぞぺー』(草思社)、『東大脳ドリル算数初級』(学研)、『国語の力を親が伸ばす』(KANZEN) など。監修書に『天才くらぶ チャレぺー①〜④』(実務教育出版)。毎日放送／TBS系『情熱大陸』に出演(2010年3月14日放送分)。

持山泰三

1976年東京都生まれ。1999年、花まる学習会に入社。花まる学習会の授業形式「花まるメソッド」の創造に尽力し、進学塾部門スクールFCでも「ノート学習」指導において先駆的役割を果たす。「どうしたら子どもたちがもっと勉強を楽しくできて勉強を好きになるだろう」という問題意識をもって、授業運営や教材開発に携わり続けている。現在はスクールFCで、中学受験生を指導し、ノート法を進化させ続ける傍ら、小学3年生向けの「小3Jコース」で思考力教材の開発や運営も行う。

装丁　　　　　石間淳
本文レイアウト　asada design room
イラスト　　　フクモトミホ
編集協力　　　ブリッジワークス

子どもに教えてあげたいノートの取り方

2010年4月20日 初版第1刷発行
2010年7月15日 初版第3刷発行

著者　高濱正伸・持山泰三
発行者　池澤徹也
発行所　株式会社実務教育出版
　　　　東京都新宿区大京町25番地　〒163-8671
　　　　電話 03-3355-1812（編集）
　　　　　　 03-3355-1951（販売）
　　　　振替 00160-0-78270

印刷　日本制作センター
製本　東京美術紙工

検印省略 ©Masanobu Takahama, Taizou Mochiyama 2010
ISBN978-4-7889-5907-1 C6037 Printed in Japan
乱丁・落丁本は本社にておとりかえいたします。